여백 사고

야마자키 세이타로 지음

김영주 옮김

여백 사고

비우는
여백에서

만드는
여백으로

북스톤

빽빽하게 차 있는 바쁜 일상에 '여백'을 넣어서

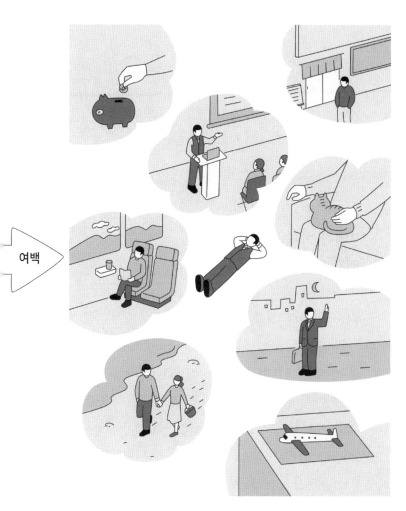

여백

창조적이고 여유로운 나를 되찾자

어째서 지금,
'여백'이 필요한가?

많은 분이 '아트 씽킹^{Art Thinking}'이나 '디자인 씽킹^{Design} ^{Thinking}'이라는 말을 들어보셨을 겁니다. 아트 씽킹이란, 간단히 설명하면 예술가(아티스트)의 사고입니다. 자신의 경험이나 흥미, 관심을 바탕으로 비연속적인 컨셉을 도출하는 사고방식입니다. 그리고 디자인 씽킹이란, 디자이너나 크리에이터의 창의적이고 혁신적인 사고 과정을 활용한 방식으로, '인간 중심 사고'라고도 불립니다. 상품이나 서비스를 이용하는 유저의 관점에서 생각하는 방식입니다.

아트 씽킹과 디자인 씽킹은 사고의 프레임(적용 대상)이나 실천 방법은 다르지만, 공통된 마인드셋을 가지고 있습니다. 바로 논리적 사고, 이른바 로지컬 씽킹Logical Thinking이라는 '틀'에서 벗어나는 것입니다.

- 논리적 실증이 쌓여 최적의 답이 도출된다.
- 전례를 바탕으로 분석하고 업무를 진행하면 더 발전된 결과를 얻을 수 있다.

이러한 논리적 사고만을 긍정적으로 평가하는 **기존의 업무 방식이나 가치 창출 방법에 의문을 던집니다.** 그리고 '상식에 얽매이지 말고 생각해보자' '전례가 없는 일이라도 겁내지 말고 도전해보자' '흰색과 검은색 사이에 존재하는 회색지대, 그레이존을 활용해보자'와 같은 유연한 사고방식을 권장합니다. 이 책에서는 그러한 사고방식에 **'여백 사고'**라는 이름을 붙여 제안하고 있습니다. 그저 막연한 주장이 아니라 **노하우를 바탕으로 한 제안**입니다.

또 하나 '디자인 경영'이라는 말도 많이 들어보셨을 겁니다. 디자인 경영이란, 혁신과 브랜드 파워 강화 등 기업의 경쟁력을 높이기 위해 경영 전략에 디자인을 도입해 함께 추진하는 방안입니다. 저 역시도 디자인 씽킹이나 디자인 경영을 주제로 한 강연을 부탁받는 경우가 많아, 사회의 높은 관심을 실감하는 중입니다.

이 책에서 소개하는 모든 사고방식은 기업이나 브랜드 또는 비즈니스퍼슨이 성장하고, 새로운 비즈니스를 창출하여 프로젝트의 정체를 돌파할 수 있는 열쇠를 쥐고 있습니다. 하지만 불행히도 지금의 일본 사회에는 아트 씽킹과 디자인 씽킹이라는 사고방식 그리고 디자인 경영이 깊숙이 침투해 있다고는 할 수 없습니다. 이들이 가진 본래 의미보다 상당히 축소되고 한정적으로 사용되고 있습니다. 저는 그러한 배경에는 명확한 이유가 존재한다고 생각합니다.

책의 시작부터 이렇게 말하면 '어떤 관점에서 이야기하고 있는 걸까?'라고 의아하게 생각하실 수도 있습니다. 제가 이 책에서 전하고자 하는 내용은 '아트 씽킹' '디자인 씽킹' '디자인 경영'을 관통하는 비언어적 사고의 근본이자 본질적인 부분과도 관련이 깊은 개념입니다. 그것이 바로 **'여백'**입니다.

이 책에서는 '여백'이라는 단어를 중심축으로 현재 일하고 있는 모든 사람에게 요구되는 새로운 사고방식을 제안합니다. 기존의 업무 방식이나 가치 창출 방식에 한계를 느끼고 있는 분에게는 큰 힌트가 될 것입니다. 또한 아트 씽킹과 디자인 씽킹, 디자인 경영에 대한 이해 역시 더욱 깊어질 수 있습니다. 앞에서 언급한 유연한 사고방식을 지금보다 더 자유롭고 자신 있게 시도할 수 있습니다. 여러분의 업무와 일상에 새로운 관점이 더해짐으로써 지금까지는 보이지 않던 가능성이 눈앞에 펼쳐지게 될 것입니다.

일과 인생을 즐기는 사람들의 비밀

저는 디자이너이자 아티스트이며, 세 회사를 경영하는 회사 경영자이기도 합니다. 또한 최근에는 TV 시사정보 프로그램에 해설위원으로도 출연 중입니다.

사람들은 '디자이너'라고 하면 도안을 그리거나, 제품의 모양을 예쁘게 다듬거나, 웹사이트를 보기 좋게 꾸미는 등 외적인 표현을 담당하는 직업으로만 생각하는 경향이 있습니다. 게다가 최근 조직을 디자인하다, 사회를 디자인하다, 인간을 디자인하다 등 '디자인'이라는 단어를 넓은 의미로 사용하기 시작하면서 추상적이고 좀처럼 파악하기 어려운 개념이 되어버렸습니다.

논리를 쌓아 올리면 확실히

'올바른 답'에 도달한다.

그러나 '마음을 움직이는 답'에는 이를 수 없다.

'아티스트'라는 의미도 비즈니스의 관점에서 보면, 미의식이 독특하고 상식에서 벗어나 이야기가 통하지 않는 사람, 시간과 비용을 무시하고 작품 활동에만 몰두하는 사람, 고집이 너무 세서 함께 일하기 어려운 사람 등으로 생각하고 있을지도 모릅니다.

그러나 이러한 몇 가지 측면만으로는 디자이너와 아티스트의 본질을 제대로 파악할 수 없습니다. 아트 씽킹과 디자인 씽킹에서 알 수 있듯이, 디자이너와 아티스트는 인간 그 자체를 사고의 축으로 삼아 근본으로 돌아가 사물을 파악하는 사람, 비언어적 영역을 무기로 문제 해결을 향해 나아가는 사람, 강렬한 컨셉을 가지고 사회에 새로운 관점과 개념을 제시하는 사람들입니다.

무엇보다 좋은 아티스트, 디자이너, 경영자는 기본적으로 여백을 만들어내는 실력이 좋습니다. 저는 이 '여백' 이야말로 아티스트와 디자이너 그리고 경영자로서의 성숙도를 결정짓는 하나의 척도라고 믿고 있습니다.

이 책은 그러한 관점에서 다음과 같은 여백의 중요성을 이야기하고 있습니다.

· 여백은 새로운 것을 창조하거나 다음 단계의 성장

을 촉진하는 원점이 된다.

· 여백의 의미는 사물의 연결 방식 그 자체다.
· 좋은 여백이 좋은 전달 방식과 커뮤니케이션을 낳는다.
· 사물의 가치는 여백을 만드는 방법으로 결정된다.

이 사고방식은 다른 직업을 가진 분들도 충분히 활용할 수 있습니다. 예를 들어 팀을 이끌어야 하는 프로젝트 매니저나 새로운 가치를 창출하는 등의 창의력이 필요한 크리에이터, 현재 상황의 개선이나 과제 해결 또는 새로운 일에 대한 도전이 요구되는 비즈니스퍼슨, 꾸준히 성과를 향상해야 하는 프리랜서, 그리고 가정 대소사를 파악하고 관리하는 주부도 이 사고방식을 습득하면 큰 이점을 얻을 수 있습니다.

좋은 프로젝트의 전후에는 좋은 여백이 존재합니다. 창조적인 팀은 팀원들이 여백을 가지고 있습니다. 여백 속에서 시행착오를 겪으며 이를 바탕으로 새로운 가치를 창출합니다. 또한 화목하면서도 각자의 개성이 존중되는 가정은 편안한 여백을 모두가 공유하고 있습니다.

여백을 잘 만드는 사람은 인생도 즐길 줄 압니다. 과거 일본에서는 고요함을 사랑하고, 절제와 간결함, 불완전함에서 아름다움을 느끼고, 선종 승려 같은 '무소유의 삶' '단순한 삶' 등에 경의를 표하며 그 삶의 방식을 본받았습니다. 이러한 배경에도 '여백'이 존재합니다. 일과 인생을 즐기는 비법으로서의 여백을 여러분도 맛보고 습득하시기 바랍니다.

여백을 살리는 기술

먼저 1장에서는 '여백이란 무엇인가'를 해설한 뒤, 2장부터 5장까지는 '좋은 결정이나 판단을 내린다' '좋은 인간관계를 쌓는다' '커뮤니케이션 능력을 높인다' '자신을 성장시킨다'라는 네 가지 관점에서 여백을 활용하는 방법을 설명합니다.

그 전에 크게 두 가지 의미에서 여백의 중요성에 대해 말씀드리고자 합니다.

① '자기 안'의 여백

먼저 **자기 내부에 여백을 가져야 합니다.** 어떤 새로운 기술이나 능력을 익히고자 할 때 여백은 대단히 중요합니다. 여백은 곧 성장의 여지이며, 자기 자신의 발전 가능성이기도 합니다.

자신의 내부에 여백을 만들기 위해서는 일단 '이럴 때는 이렇게 해야 한다' '이것은 옳고 저것은 틀리다'라는 선입견이나 편견에서 벗어나야 합니다. '이것 말고 다른 방법이 있을지도 몰라' '이렇게 관점을 바꾸니 틀렸다고 단정 지을 수 없구나'와 같이 **다른 사고방식이나 가치관이 파고들 수 있는 여유가 여백입니다.** 예를 들어 결단을 내릴 때, '이게 옳아. 그 외에는 안 돼!'라는 생각을 가지고 있으면 지금보다 좋은 결단을 내릴 수 없습니다. 약간의 여백을 만들어 다른 가능성을 시야에 넣읍시다. 그렇게 함으로써 결정과 판단의 폭이 넓어져 정밀도가 올라갑니다.

② '상대방과의 사이'의 여백

상대방과의 관계에서도 여백이 필요합니다. 인간은 모두 평등한 사회적인 동물입니다. 그러나 우리는 자기 자신뿐 아니라 다른 사람에 대해서도 선입견과 편견을 가지고 있습니다. '이렇게 해야 한다' '이것이 옳다'라는 본인만의 생각을 밀어붙이며 상대방에게 톱니바퀴처럼 완전히 딱 여백은 '현재의 자신'을 비추는 거울이다.

자신이 없으면 가득 채우고 싶어지고,

여유가 없으면 대우가 소홀해진다.

맞아떨어지길 강요하고 있지는 않나요?

우리는 각자 전혀 다른 생각을 가지고 있기 때문에, 톱니바퀴처럼 완전히 맞물리는 일은 결코 일어나지 않습니다. 대개 어느 부분은 참고 양보하며 상대에게 맞춤으로써 톱니바퀴가 겨우 조금씩 돌아갈 뿐입니다.

인간관계 문제에서는 '어떻게 상대에게 맞추면 좋을까?'라고 고민하는 분도 계실 겁니다. 반대로 '어떻게든 상대에게 내 뜻을 관철해야 해'라고 생각하는 분도 계실 수 있습니다. 그러한 사고방식을 조금 바꿔보면 어떨까요? 두 톱니바퀴가 직접 맞닿을수록, 상대방과의 거리는 지극히 가까워질 수밖에 없습니다.

예를 들어 상대방에게 뭔가 하고 싶은 말이 있더라도 그의 마음속 민감한 부분에 직접 메시지를 던질 필요는 없습니다. 자신과 상대방 사이에 여백을 만들어 그곳에 메시지를 넣어두면, 상대방이 직접 그 메시지를 가지러 올 겁니다.

이런 방식으로 대하는 편이 서로 쾌적하고, 무엇보다 정말 하고 싶은 말들을 전할 수 있습니다. 커뮤니케이션은 억지로 설득하려고 해도 통하지 않는 경우가 많습니다.

'자신 안에 여백을 갖는다' '상대방과의 사이에 여백을 갖는다'라는 여백 사고를 익히면 많은 일들이 잘 돌아가기 시작합니다. 이 책에서 전하고 싶은 것은 바로 그 기술입니다. 여전히 추상적인 설명이라서 '여백이 뭐지?'라고 생각하는 분이 많으실 겁니다. 부디 이대로 계속 책을 읽어주세요. 여백이란 무엇인지, 여백을 어떻게 만들고 활용하는지, 그리고 결과적으로 어떤 일이 가능해지는지 제 개인적인 체험을 섞어서 전해드리겠습니다. 여백 사고를 가지면 인생이 지금보다 더 편하게, 긍정적이고 적극적으로 변합니다. 그런 분이 한 사람이라도 더 늘어나기를 바랍니다.

차례

1장

왜 여백이 중요한가?

여백이란
무엇인가?

'여백'이라는 단어를 듣거나 글자를 보았을 때 어떤
이미지가 머릿속에 그려지나요? 혹은 어떤 구체적인 형상
이 떠오르나요?

여러 사전을 찾아보면 '[무엇인가 쓰여(인쇄되어) 있
는 종이의] 아무것도 쓰여 있지 않은 흰 부분. 공간' 혹은
'종이 따위에, 글씨를 쓰거나 그림을 그리고 남은 빈 자리'
라고 나와 있습니다. 양쪽 모두 '종이' 위에 무언가 쓰인
부분과 대비되는 형태로서 남겨진 흰색 부분을 여백이라

고 설명하고 있습니다. '여백'이라는 단어를 들었을 때, 많은 사람이 떠올리는 이미지도 대부분 이와 같겠지요.

이러한 사전적 정의에 대해 이의를 제기할 마음은 전혀 없지만, 이 책에서 다루고자 하는 '여백'은 더 넓고 긍정적인 의미를 포함합니다. '무언가를 쓰고 남은 공간'이 아니라 **'쓰여 있는 무언가를 돋보이게 하기 위해 일부러 남겨둔 공간'**이나 **'모든 것이 들어갈 수 있는 가능성 넘치는 공간'** **'정말 소중한 것을 지키기 위해서 일부러 남겨둔 시간이나 힘'**을 의미합니다.

여백의 '여餘'는 여분이 아니라 **여유의 '여'**이며, 여백의 끝에는 끝없이 이어지는 시간과 공간이 존재합니다. 내가 나답게 살기 위한 필요로서의 여백. 그런 '여백'의 가치를 다양한 관점에서 많은 사람에게 알리고 싶었습니다. 여백 사고를 가지면 많은 일들이 잘 돌아가기 시작하고, 삶이 '편안'하며 긍정적으로 변할 수 있기 때문입니다. 일이나 인간관계도 지금보다 훨씬 '즐겁게' 변화합니다. 이렇게 즐겁고 긍정적으로 살아가는 사람이 늘어나면, 세상은 조금씩 더 밝은 미래에 다가갈 수 있습니다. 저는 그렇게 믿고 있습니다. 제가 알리고 싶은 '여백'은 다음과 같은 모습입니다.

여백이란 자기 자신(코어)과 사회 사이의 완충지대

내 안의 소중한 '코어(핵)' 부분과 외부 세계 사이에 존재하는 자유로운 공간. 이것이 '여백'입니다. 그곳에서는 무엇이든지 할 수 있습니다. 내면의 연장으로 생각해도 좋고, 외부에서 온 사람이나 사물을 일단 받아들이는 장소로 사용할 수도 있습니다. 구체적인 이미지로 설명하자면, 전통가옥에서 볼 수 있는 '툇마루'와 '봉당封堂°' 같은 것입니다. 이른바 내부와 외부의 개념이 애매해지는 중간 영역입니다.

　　누군가의 방도 아니고 부엌이나 욕실처럼 사용 목적이 정해진 장소도 아닙니다. 아이가 놀고 있을 때도 있고, 고양이가 낮잠을 잘 때도 있습니다. 동네 할아버지가 놀러와서 장기를 두거나, 가족들이 모여 수박을 먹거나, 방석을 깔고 낮잠을 자기도 합니다. 내부와 외부의 개념이 허물어진 '뭐든지 할 수 있는' 유니버설 스페이스. 이런 장소가 효과적으로 만들어진 집은 통풍도 잘 되고 자유도가 높습니다. 즐거운 일이 생길 여지가 많죠. 이것은 툇마루가 주택의 '여백'으로서 그곳에 존재하는 덕분입니다.

○　안방과 건넌방 사이의 마루를 놓을 자리에 마루를 놓지 않고 흙바닥 그대로 둔 곳

'툇마루'는 집의 여백

적당한 거리가 필요한 이유

'퍼스널 스페이스'라는 말이 있습니다. 다른 사람이 자신에게 다가올 때 불편함을 느끼지 않는 한계 범위입니다. 사람이 빽빽이 들어찬 만원 지하철이나 엘리베이터 등에서는 퍼스널 스페이스를 침범당해 상당히 불쾌한 경험을 하기도 합니다.

신체(물리)적으로 여백이 하나도 없는 상태는 참기 힘듭니다. 이는 누구나 본능적으로 체감하고 있습니다. 그래서 인간은 자신과 타인 사이에 신체적 · 심리적으로 '불쾌하지 않은' 적당한 공간을 만들려고 합니다. 단, 퍼스널 스페이스에는 개인차가 존재합니다. 그래서 길을 걸을 때 주변 사람이 생각보다 가까이 있어 손이나 어깨가 닿으면 신경이 쓰이거나, 새로 알게 된 사람이 계속 말을 걸면 '이 사람, 좀 부담스럽네'라고 느껴 나도 모르게 피하게 되기도 합니다. 이렇듯 개인마다 차이는 있지만 적어도 다른 사람과의 사이에 일정한 공간이 필요하다는 사실은 모두가 알고 있습니다.

그럼에도 우리는 무심코 신체적으로도 심리적으로도

좋은 사람이라도 지나치게

가까우면 불편해진다.

즐거운 일이라도 계속 반복하면 피곤해진다.

'싫다' '괴롭다' '힘들다'고 느끼는 이유는

여백이 부족한 탓일지도 모른다.

물건과 일을 가득 담아 버립니다. 그리고 그 상태에 익숙해집니다. 만원 지하철에서 느꼈던 '지극히 가까운 거리에 사람이 있다는 불쾌감'도 주중에 매일 만원 지하철을 타고 있으면 '이것은 어쩔 수 없다. 당연하다'라는 생각이 들기 시작합니다. 실은 공간을 원하고 있지만, 정신적으로 어쩔 수 없다고 타협함으로써 신체의 퍼스널 스페이스까지 빼앗겨 버립니다. 코로나 상황에서 통근할 때, 바이러스에 대한 걱정과 불안을 느끼면서도 평소보다 비어 있는 지하철 내부를 보며 '이런 점만은 나쁘지 않네'라고 생각한 사람도 의외로 많지 않았을까요?

비유하자면 여백은 어린 시절의 '일요일'입니다. 무엇을 해도 좋은 하루. 예정된 것이 아무것도 없는 날. 어떤 일도 부정당하지 않는, 가능성이 넘치는 하루입니다. '자, 오늘은 무슨 일을 하면서 보낼까?'라는 두근거림을 주는 존재가 여백입니다. **이제 슬슬 채우기를 멈추고, 여백을 되찾아 보지 않으시겠습니까?**

꾸준히 성실하게 노력하는데도

'살기 좋아졌다' '여유로워졌다'

라고 느껴지지 않는다면

그 이유는 무엇일까?

하루하루가 힘들수록 여백을 발견해야 한다

지금 이 순간에도 무언가에 쫓기는 듯한 압박감을 느끼는 사람들이 있습니다. 업무에서도 사생활에서도 인간관계 때문에 큰 스트레스를 받는 사람들도 많죠. '그냥 하루하루가 힘들다' '내일 일하러 가고 싶지 않다'라며 깊은 한숨을 내쉬기도 합니다.

이 책을 선택하신 독자의 상당수는 분명 매우 성실한 분이라고 생각합니다. 고민이나 스트레스, 심리적 압박을 느끼면서도 할 일을 완수하기 위해 끊임없이 노력하고, 직장 동료와 가족에게도 가능한 한 친절하고 상냥하게 대합니다. 그래서인지 주변 사람들이 보기에는 별다른 고민거리가 있는 것 같지 않습니다. 오히려 모든 일이 순조롭게 풀린다며 주위의 부러움을 삽니다.

하지만 때로는 그것이 또 하나의 심리적 압박으로 작용합니다. 밖에서는 즐겁게 지내지만 집에 돌아가 혼자가 되는 순간 마치 가면을 벗은 듯 힘들고 어두운 얼굴, 고민 많은 표정이 되어버린다면 매우 가슴 아픈 일입니다. 이런 괴로움의 원인 중 하나가 사실 '여백'의 결여라고 이야기하면, 여러분은 깜짝 놀라실까요?

- 자기 자신과 '외부' 사이에 안심할 수 있는 적절한 거리를 확보하지 못했다.
- 일과 개인적 삶이 빈틈없이 이어져 있다.
- 직함이나 역할에서 벗어나 그 누구도 아닌 나 자신으로 돌아갈 시간이 없다.

이렇게 되어버리면 인간은 필연적으로 '마음의 피로'를 느낍니다. 각각의 역할을 충실히 수행하는 한편으로 어떻게든 현실 도피를 하고 싶어집니다.

그것은 여행일 수도 있고, 독서일 수도 있고, 맛있는 음식을 탐닉하는 일일 수도 있습니다. 무엇이 되었든 대상을 적극적으로 즐기는 한편 마음속 어딘가에서 '도피'의 기분이 싹튼다면, '늘 최선을 다하고 있으니 가끔은 나만의 시간을 갖고 싶어!'라고 주변 사람들에게 소리치고 싶어진다면, 기분 전환을 하는 와중에도 문득 무언가를 떠올리고 한숨이 나온다면, 그때는 자기 자신의 여백을 되돌아보셨으면 합니다.

여백을 잘 만들면 바쁘게 해야 할 일이 있어도 하루하루를 지금보다 '편하게' '즐겁게' '긍정적으로' 보낼 수 있습니다. 단순히 낙천적 태도나 타고난 성격을 말하는 게 아닙니다.

이것은 일종의 마음가짐(=사고법)이라는 '기술'의 결과물입니다. 여백은 의도하지 않았는데 얻을 수 있는 것이 아닙니다. 명확하게 의식해서 잘 만들어야 비로소 가치가 탄생합니다.

여백을 갖는다는 것은 자신과 외부 사이에 적당한 거리를 확보한다는 의미입니다. 물론 물리적인 경우도 있지만, 먼저 심리적 측면을 생각해봅시다. 언제나 마음속에서 외부 세계나 상대방과의 사이에 적당히 거리를 둡니다. 이것만으로도 현재 안고 있는 다양한 스트레스, 심리적 압박, 고민의 대부분이 자연스럽게 해결됩니다.

여백은 쓸데없거나 아무것도 없는 공간이 아니다

제가 생업으로 삼고 있는 디자인 일은 감성에 크게 영향을 받는 세계입니다. 제가 경영하는 디자인 사무소에는 18명의 직원이 일하고 있는데, 그들 역시 다양한 감성을 갖고 있습니다.

또한 대규모 영상 작품이나 건축 등은 '종합 예술'이라 불리며 여러 관계자의 감성을 하나로 통합해 일을 진행합니다. 이때 항상 요구되는 것은 자신과 다른 감성을 받아들이는 일입니다. 타인을 받아들여야 비로소 일이 진행되기 시작합니다.

하지만 감성에 관해 이야기하기 전에 먼저 **디자인으로 무언가를 '전달하기' 위해서는 기본적으로 여백이 필요**합니다. '여백이 부족한' 디자인은 젊고 경험이 별로 없는 디자이너가 많이 저지르는 실수입니다.

인간은 본능적으로 빈 공간이 있으면 채우려고 합니다. 의미 있는 여백으로 만들기보다 공허가 두려워 어떻게든 채우고 싶어 합니다. 여백의 진정한 의미를 생각하기 전에 일단 가득 채우고 만족해합니다. 여러분도 일정이 텅 비어 있으면 왠지 불안해질 때가 있지 않나요? '5일 연휴인데 하루도 일정이 없어서 불안해' '모처럼의 휴일인데 아무 약속도 없다니 너무 아까워' '오늘 업무는 특별한 일정이 없어. 내가 게으른 건가?'

반대로 하루 종일 회의가 이어질 때는 정작 해야 할 일은 전혀 진척이 없어도 피로와 함께 정체불명의 만족감을 느끼기도 합니다. 어떤 의미에서는 '비어 있는 시간을 두려워하는' 증후군이라고도 부를 수 있겠네요. 지금 고개를 끄덕이는 분들이 많으리라 생각합니다.

여백이라는 존재에 '쓸데없다' '두렵다' '불안하다'와 같이 부정적 감정을 가진 사람이 많다는 사실이 놀라울 뿐입니다. 여백 사고는 이와 정반대입니다. **불안할 때는 여백을 더 넓혀야 합니다.** 자기 내면이 바깥세상이나 타인으로부터 과도한 간섭을 받고 있는 게 불안의 원인일지도 모르기 때문입니다.

앞에서 예로 든 툇마루와 봉당 같은 완충지대를 떠올려 보세요. 만약 그런 공간이 전혀 없다면 어떻게 될까요? 창문을 열었을 때 바로 눈앞에 누군가 서 있거나, 모르는 사람들이 항상 돌아다니고 있다면 결코 편안함을 느낄 수 없습니다. 누군가 집 내부(자신의 소중한 곳)를 보고 있을지도 모른다는 공포에 떨게 되겠지요.

그럴 때는 커튼을 닫거나 안쪽 방으로 이동하는 등, 일단 거리를 확보하는 게 가장 좋은 해결책일 수 있습니다. **타인과의 물리적 여백을 넓힘으로써 마음의 평안을 얻고 한숨을 돌릴 수 있습니다.** 이때 혹시라도 '누가 볼지 모르니 방 안을 정리해야 해'라든가 '누가 봐도 괜찮도록 항상 외출복을 입고 있자'라고 생각한다면 피로는 늘어날 뿐입니다.

이런 감각은 정신적 활동의 경우에도 마찬가지입니

다. 모든 사람에게는 자신이 소중히 여기는, 타인이 건드리지 않길 바라는 장소가 있습니다. 꾸미지 않은 내 모습 그대로 있을 수 있는 장소. 아무도 들어갈 수 없고, 자기 자신만이 존재하는 장소. 사회생활을 위한 무장도 하지 않고, 어떤 가면도 쓰지 않으며, 조금만 건드려도 부서질 것 같은 대단히 연약한 장소. 이 책에서는 그런 장소를 '코어'라고 부릅니다.

그러한 코어와, 타인 또는 사회 사이에 공백 지대를 만듭시다. 그리고 코어를 보호하기 위해서 깨지는 물건을 택배 보낼 때 쓰는 에어캡 같은 완충재를 놓읍시다. 정신적인 여백은 바로 이런 모습입니다. 코어는 모든 사람이 반드시 가지고 있으며, 하나하나가 완전히 다른 존재입니다. 자유자재로 나타나거나 형태를 바꿀 수 있고, 유연성을 가진 연약한 장소입니다. 당연히 자신의 코어와 타인의 코어는 기본적으로 공존할 수 없습니다(애초에 다른 사람의 코어와 접촉할 필요도 없습니다).

코어와 코어가 지나치게 가까워지면 신체적인 퍼스널 스페이스가 침범당했을 때처럼 불안이나 공포, 혐오감을 느끼게 됩니다. 이것은 아무리 친한 사이라도 마찬가지입니다. '친한 사이에도 지켜야 할 예의가 있다'라는 말이 있는데, 선인의 지혜가 담긴 격언이라 할 수 있습니다.

그런 소중한 코어가 노출되거나 다른 사람의 코어와 접촉하는 사태가 발생하지 않도록 각자가 코어 주위에 공간을 확보할 필요가 있습니다. 누군가 갑자기 흙투성이 신발로 들어와도 큰 충격을 받지 않을 넓은 여백 공간이 있다면, **일단 안심하고 여러 가지를 받아들일 수 있습니다.** 나와는 다른 사고방식도, 상식을 벗어난 정보도, 다양한 사상이나 삶의 방식도 여백이 있기에 '일단' 받아들일 수 있습니다.

여백은 마음의 완충재

과장된 이야기처럼 들릴지 모르지만, 저는 세상에서 일어나는 다툼의 원인은 대부분 여백이 없거나 부족하기 때문이라고 생각합니다. '다양성과 포용Diversity & Inclusion'을 소리 높여 외치는 일도, '다양성'이라는 단어가 세계적인 키워드가 된 일도 국제사회에 다른 가치관이나 개념을 받아들일 '여백'이 존재하지 않는다는 위기감의 표현일 것입니다.

국가가 인간의 집단으로 형성된 이상, 집단과 집단 사이에는 여백이 필요합니다. 지정학적으로 일본은 바다에 둘러싸여 있어서 의도하지 않아도 항상 완충지대가 존재했습니다. 그렇기 때문에 그 소중함을 자각할 기회가 별로 없었을지 모릅니다. 그러나 만약 완충지대(여백)가 사라진다면 그 위기감은 무섭게 커질 것입니다. 이는 사내 파벌이나 동료들 간의 의견 대립에서도 마찬가지입니다. '나는/우리는 이렇다'라는 주장의 경계가 너무 확실하면, 나/우리 쪽과 반대쪽의 차이가 더 분명히 드러나고 결국 분단을 초래합니다.

기업이나 프로젝트가 서서히 규모를 키워갈 때, 처음에는 멀티태스킹을 수행하며 다양한 업무를 병행하다가 점점 부서가 생기고 역할이 명확해집니다. 그러다 각자 자기 부서의 목표를 최우선으로 삼아 팀의 이익만 추구하고, 결국 조직 전체의 성공에는 손해를 끼치는 경우를 흔히 볼 수 있습니다.

'나는 이쪽' '당신은 저쪽'이라고 경계선을 지나치게 그어버리면 서로의 사상을 허용할 수 없게 됩니다. 경계선은 있어도 괜찮습니다. 단지 '내 코어와 상대방 코어 사이의 공간'을 확보해두길 바랍니다. **'여기는 나의 장소이지만,**

여백이란 물리적 거리이자 마음의 여유다.

이 두 가지를 잃어버리면

인간은 서로 충돌할 수밖에 없다.

당신이 들어올 수도 있습니다'라는 여백의 존재가 좋은 관계성을 만들어줍니다. 이것은 물리적·정신적인 면에서도 마찬가지입니다.

2018년에 발표한 저의 설치예술 작품 〈음예예찬^{陰翳礼讃}〉은 '이분법적 사고로 선을 그어 옳고 그름, 흑백을 명확히 한다'라는 세상의 개념에 경종을 울리고자 제작되었습니다. 다니자키 준이치로^{谷崎潤一郎}의 수필 《음예예찬》을 모티브로 한 작품입니다. 문자의 윤곽을 애매하게 나타냄으로써 문자가 정착되기 전의 '분위기'를 표현했습니다.

더 자유롭게 해석해도 좋습니다. 당장 명확한 의미를 발견할 필요도 없습니다. 이해할 수 없거나 자신과 다른 의견이라도 일단 '여백' 안으로 받아들이면 됩니다. 여백이 우리에게 주는 가치는 상상 이상으로 다양합니다.

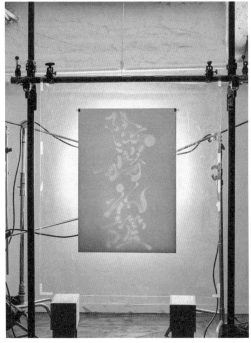

윤곽이 애매해지면 문자는 '분위기'가 된다

절대축의 세계로
돌아가는 방법

제가 여백과 함께 중요하게 여기는 대상에 **'절대축'**이라는 개념이 있습니다. 여백을 둠으로써 누구나 태어날 때부터 가지고 있는 절대축을 명확하게 만들 수 있습니다.

우리는 항상 다른 사람과 비교되거나 평가당하고 있습니다. 올해 실적은 작년에 비해 어떠한가? 둘 중 누가 더 우수한가? 공모전에서 선발되는 사람은 누구인가? 얼마나 창의력이 있는가? 일 처리는 얼마나 빠른가? 센스나 의욕이 있는가?

이러한 평가 대부분은 '다른 사람'이나 '과거의 나'와의 상대평가입니다. 이것은 기업가만의 이야기가 아닙니다. 주부, 초등학생, 정년퇴직한 고령자도 똑같습니다. 언제나 무언가와 비교당하며 계속해서 'ㅇㅇ이 부족하다'라는 말을 듣습니다. 이렇게 비교당하는 감각은 누구나 경험한 적이 있을 겁니다. 상당히 괴로운 일이지요.

어느 학생이 국어나 영어는 아주 잘하는데 물리는 못한다고 가정해봅시다. 그런 경우라면 '국어나 영어 실력을 더 키우자'가 아니라 '물리를 더 노력해라'라는 지도를 받아서, 좋아하지도 않고 흥미도 없는 물리 공부에 많은 시간을 써버리게 됩니다. 또 반대로 수학이나 물리를 정말 좋아해서 계속 그 과목에 집중하고 싶지만, 합격점을 받으려면 무작정 영어 단어를 외워야 할 때도 있습니다.

상대축의 세계에서는 기본적으로 '약점의 극복'을 평가합니다. '잘 못하는데도 열심히 노력하는 일은 훌륭하다'라는 논리입니다. 이 논리 자체를 부정할 생각은 없습니다. 그저 이것만으로는 자연스럽지 않고 괴롭다는 이야기입니다.

게다가 이런 가치관으로 돌아가는 세상에서는 열심히 노력해서 정상에 오르더라도 결국 비교당한다는 사실은 변하지 않습니다. 이번에는 정상에 계속 머물러야 한다는 심리적 압박을 받으며 다시 괴로워하게 됩니다. **비교로 자신의 가치가 결정되는 세계가 전부라면, 언젠가는 벽에 부딪힐 것입니다.**

여기서 제가 도입하고 싶은 것이 바로 '절대축'으로 살아가는 가치관입니다. 우리는 모두 태어날 때부터 절대축을 가지고 있습니다. 그것은 나이를 먹어도 사라지지 않고 우리 내부에 존재합니다. 핵심은 외부에서 접근하는 상

'약점을 극복'해서 평균점이 오르면

칭찬을 받을지도 모른다.

하지만 사람들이 매력을 느끼는 대상은

'특별하게 빛나는 사람'이다.

대축과 적당한 거리를 유지하는 일입니다. '아, 당신은 그런 입장이군요. 하지만 저는 이렇게 합니다'라고 말할 수 있는 여유를 가져야 합니다.

기억을 떠올려 봅시다. 어린 시절, 하루 종일 좋아하는 일에 열중하던 때의 기분을 말입니다. 신문지와 골판지로 만든 비밀 기지, 공원에서 수집한 각종 열매와 나뭇가지, 동그랗게 윤이 날 때까지 손으로 반죽한 진흙 경단…. 그 시절, 우리는 분명 절대축의 세계에서 살고 있었습니다. 친구들의 부러움을 사거나 부모님에게 칭찬받고 싶다는 마음도 있었을지 모릅니다. 그러나 무엇보다도 **'내가 즐거웠기' 때문에 열중했습니다.** 그러한 몰입의 시간을 통해 완성한 것이나 수집품은 무엇과도 바꿀 수 없는 나만의 소중한 보물이었습니다.

시인 아이다 미쓰오相田みつを의 명언 '행복은 언제나 내 마음이 결정한다'를 따라 말한다면, '좋아하는 것, 즐거운 것은 내 마음이 결정'합니다. 그리고 나의 가치는 내가 결정합니다. 그것이 절대축의 세계입니다.

왼손으로 그린 그림

간단히 절대축의 이미지를 떠올릴 수 있는 활동을 하나 소개하겠습니다. 평소에 사용하지 않는 손으로 그림을 그리는 것입니다. 디자인을 배우는 학생들과의 수업에서 종종 하는 활동입니다.

먼저 대상을 정해서 평소 사용하는 손으로 스케치를 해보세요. 도전하기 쉬운 대상은 거울에 비친 자기 얼굴이나 가족의 얼굴 또는 방에 있는 식물 등입니다. 당장 시작할 수 있는 대상을 골라보세요. 가능하면 직선으로만 구성된 가구나 가전제품보다 어느 정도 복잡한 형태를 가진 유기물이 좋습니다. 어떻습니까? 완성된 그림은 만족스러운가요?

다음으로 같은 피사체를 다시 한번 그립니다. 그런데 두 번째 그림을 그릴 때는 지켜야 하는 세 가지 규칙이 있습니다.

① 피사체를 보는 시선의 움직임과 종이에 닿은 펜 끝의 움직임을 맞춘다.
② 종이를 보지 않는다(시선은 계속 피사체에 고정한다).

'그리고 싶은 대상'을 많이 보면
좋은 그림이 되고,
'그리고 있는 그림'을 많이 보면
평범해진다.
절대축은 '그리고 싶은 대상'의
연장선에 존재한다.

③ 펜을 종이에서 떼지 않고, 처음부터 끝까지 한 획
　으로 그린다.

이 세 가지를 지키면서 그려보면 깜짝 놀라게 됩니다. 아주 좋은 그림을 그릴 수 있기 때문입니다. 여기서 말하는 '좋다'는 절대적인 의미에서의 '좋다'입니다. 개성 있는 그림이라거나 예술작품 같다고 생각하는 사람도 있을 수 있습니다. 어느 쪽이든 '잘한다, 못한다'라는 평가만으로는 표현할 수 없는 좋은 그림이 나타납니다.

첫 번째 그림을 그릴 때, 여러분은 종이와 피사체 중에서 어느 쪽을 많이 보았습니까? 만약 얼굴을 그리고 있었다면 혹시 머리카락을 그릴 때는 종이만 보면서 펜을 움직이지 않았습니까? 그것은 피사체를 보고 그린 그림이 아닙니다. '눈은 이런 식으로 붙어 있다, 머리카락은 이런 식으로 그려야 한다'라고 후천적으로 획득한 지식에 따라 그려진 그림입니다.

반대로 말하면 두 번째로 그린 '좋은' 그림은 여러분이 예전에는 그릴 수 있었지만, 사회성을 익히고 지식을 얻음으로써 그릴 수 없게 된 그림입니다.

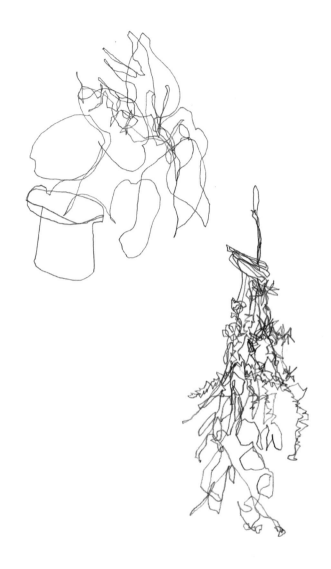

왼손으로 그린 그림. 관엽식물(위)과 드라이플라워(아래)

상대축 안에서는 항상 '타인의 눈'이나 '지금까지의 경험' '축적된 지식과 기술'을 의식하게 됩니다. 그러나 절대축을 되찾으면 그런 것들로부터 일단 자유로워집니다. 그저 새하얀 마음으로 눈앞의 대상과 마주할 수 있습니다.

이 활동은 왼손(평소 사용하지 않는 손)으로 그리는 게 포인트입니다. 그렇게 함으로써 '잘 그려야지' '잘 그리지 않으면 안 돼'라는 무의식적으로 가지고 있는 저주에서 해방되어 편안한 마음으로 그림을 마주할 수 있습니다.

누구라도 왼손으로는 그림을 잘 그리지 못합니다. 게다가 완성된 그림이 '제법 괜찮다'라는 느낌을 주기 때문에, 절대축이 가진 재미와 편안함을 느낄 수 있습니다. 마음과 시간에 조금의 여유가 있을 때 꼭 도전해보시길 바랍니다.

새롭고 특별한 나만의 것을 만들고 싶다면

디자인이든 아이디어든 **논리만 쌓아 올리거나 테크닉에만 의지하면 결국 그 끝에는 '정해진 목표'가 기다리고 있을 뿐입**

니다. 일의 종류에 따라서는 정해진 목표에 가장 일찍 도착하는 능력을 요구하기도 합니다. 그런 경우에는 앞의 방식대로 진행하면 됩니다. 그러나 새롭고 유일무이한 결과를 요구하는 경우에는 효과적이지 않습니다. 이때 필요한 것이 **아무것도 없는 공간, 다시 말해 '여백'**입니다.

걸어온 길이 갑자기 눈앞에서 사라지고 그저 아무것도 없는 공간이 된다면 어떨까요? 이런 일에 익숙하지 않다면 매우 불안할 겁니다. 산짐승이 다니는 길처럼, 인간은 자기도 모르는 사이에 누군가 밟아서 생긴 길을 따라 걷습니다. 산에서는 조난당하지 않으려면 정해진 산길을 걷는 게 정답이지만, 인생에서는 가끔 길이 끊어져서 당황할 때가 있습니다.

이때 어느 쪽으로 갈지는 나에게 달려 있습니다. 결정하는 것은 나 자신입니다. 그런 상황에서는 평소 꺼져 있던 스위치가 켜집니다. 축적된 사고를 바탕으로 하지 않는 비연속적인 아이디어가 떠오릅니다. 이렇게 새로운 발상이 떠오르는 이유는 그곳에 여백이라는 자유로운 공간이 존재하기 때문입니다.

비즈니스 현장에서는 기본적으로 논리적 사고, 로지

컬 씽킹이 존중받습니다. 비즈니스퍼슨은 논리를 짜 맞춰 생각하는, 다시 말해 애매함이나 여백 없이 생각하는 훈련을 거듭합니다. 그것은 대부분 매우 효과적인 사고법이지만 그 폐해로 '논리가 깨지는 공포'를 가지게 됩니다. 논리에서 벗어나 길이 끊긴 순간, 갈 곳을 잃은 기분이 듭니다. 그럴수록 더 치밀하고 견고한 논리를 구축하는 일에 의식을 집중합니다. 조금 과장을 보태면 마치 '이 길에서 벗어나면 전부 끝장이야!'라고 말하는 듯합니다. 이런 상황에서는 스트레스도 많고, 언제나 두려움에 떨며 나아갈 수밖에 없습니다.

'정해진 목표까지 논리의 길이 반드시 이어져 있다'라는 전제 자체가 이제는 더 이상 통용되지 않습니다. 길이 도중에 사라지는 일은 당연합니다. 그곳에서부터는 자신이 나아가고 싶은 방향으로 자유롭게 걸어가도 좋습니다. 점프를 해도 좋고, 걸음을 멈추고 앉아서 하늘을 올려다봐도 좋습니다. 그 길의 끝에 여러분만이 얻을 수 있는 가치가 있습니다. 게다가 불필요한 어깨의 힘을 빼고, 편안한 마음으로 이런 일들을 할 수 있습니다. 그렇습니다. 여백은 일종의 점프대이기도 합니다.

여백을 이해하는
7가지 관점

여백이란 무엇일까요? 여백을 가지고 있으면 어떤 일이 일어날까요?

이러한 점들을 알리고 싶어서 다양한 예를 들어 설명하고 있지만, 사실 **여백을 이해하는 관점은 자유롭습니다.**

근본적으로 '여백은 이런 것이다!'라고 언어로 정의할 수 없다는 점이 여백의 진정한 가치가 아닐까 생각합니다. 그러나 잘 이해되지 않으면 책을 계속해서 읽는 것도 괴로운 일입니다.

여기에서는 가능한 한, 여백을 다른 표현으로 바꿔서 이야기해보고자 합니다.

① 뭐든지 받아들이는 거대한 완충재

여백이란 무엇이든 받아들이는 거대한 완충재입니다. 어떤 이야기, 어떤 사건도 아무 이유나 근거도 없이 그저 받아들입니다. '왠지 기분 좋네' '그거 맘에 들어' '조금 신경 쓰이니까 일단 담아두자' 정도의 가벼운 마음으로 점점 넓혀나갈 수 있는 장소입니다.

② 애매하거나 말로 표현할 수 없는 생각

여백에서는 애매함을 부정하지 않습니다. 애매함을 애매한 상태 그대로 받아들입니다. 비언어적 영역이라는 말로 표현할 수도 있겠네요. 이른바 '직관'이나 '감' 같은 것입니다.

'좋다' '기분 좋다' 또는 '싫다' '왠지 기분 나쁘다'라는 본질적인 직관을 버리지 않고 소중히 지켜나갈 수 있는 공간이기도 합니다.

③ 장난감 상자

부모님께 '정리해!'라는 말을 들어도 어느 선반에 넣어야 할지 몰라 곤란한 물건들이 있지 않나요? 그런 것들을 일단 쓸어 담을 수 있는 잡다한 장난감 상자 같은 존재가 여백입니다.

아니, 상자보다는 애니메이션 〈도라에몽〉에 나오는 4차원 주머니와 비슷할지도 모르겠네요. 언제든지, 뭐든지, 얼마든지 넣을 수 있습니다. 그런 공간이 있으면 방도 정리되고 부모님에게 혼날 일도 없습니다. 억지로 모든 사물에 꼬리표를 달거나 라벨을 붙일 필요는 없습니다.

④ 그냥 해보고 싶은 마음

현대사회에서는 '왜 그랬어?'라는 질문에 '그냥 하고 싶어서'라고 답하는 것은 인정받지 못하는 경우가 많습니다. 물론 저도 회사에서 "이 품의서는 왜 올렸지?"라고 물었을 때 사원이 "그냥이요"라고 한다면 그런 대답은 용납되지 않는다고 말할 수밖에 없습니다. 그러나 비즈니스 이외의 모든 경우에도 '그냥'은 용납되지 않는다는 분위기가 형성된 듯합니다.

우리를 움직이는 것은 항상 긍정적이고 능동적인 '해보고 싶다는 마음'입니다. '특별한 이유는 없지만 한번 해보고 싶다' '그냥 즐거워 보여서 하고 싶다'라는 마음 말입니다. 하고 싶지 않지만 억지로 할 수밖에 없는 5명보다, '해보고 싶다!'라는 마음을 가진 1명이 팀에 있는 편이 훨씬 더 낫습니다.

사회에는 경험해보면 좋은 일들이 많지만, 하늘이 두 쪽 나도 반드시 해야 하는 일은 실제로 거의 없습니다. 반면 '해보고 싶은' 일은 누구에게나 있습니다. '하고 싶은 일이 없어요'라고 말하는 사람이 있다면, 포기했거나 억지로 지워버렸을 가능성이 큽니다. 어차피 불가능하다며 해보고 싶은 마음을 어딘가에 가둬버린 경우입니다.

⑤ 왠지 좋은 느낌

디자인의 세계에서는 '좋다'라는 감각을 매우 소중하게 생각합니다. 디자이너의 일을 단적으로 표현하면 '관계성을 만드는 일'이라 할 수 있습니다. 예를 들어 어떤 상품과 사람들 사이의 새로운 관계성, 팔고 싶은 상품과 구매할 사람들 사이의 긍정적 관계성을 어떻게 만들지 생각하는 일입니다.

관계성 만들기의 포인트는 언어에 100% 의지하면 좀처럼 잘 풀리지 않는다는 점입니다. **언어는 의외로 한정적입니다.** 세대나 지역에 따라 받아들이는 방식이 달라지기도 합니다. 언어화된 것만 모아서 연결하면 좋은 관계성을 가진 디자인은 나올 수 없습니다. 때로는 언어에 담지 못하고 흘러넘친 애매함이 훨씬 중요하기도 합니다. 조금 이상한 예일 수도 있지만, '내 비용까지 다 내주면 같이 놀러 가줄게' 하는 식으로 직접적인 이해관계를 따지지 않고 '재미있을 것 같으니까 같이 놀러 가볼까?'라는 마음을 갖게 만드는 게 목표입니다.

디자이너의 일이라고 하면 아름다운 그래픽이나 웹사이트, 상품의 외형만을 만드는 것이라고 생각하기 쉽습니다. 그러나 디자인을 통해서 이러한 관계성을 만들어가는 것도 디자이너의 일입니다. 스펙이나 실리적 요소만으로는 사람의 마음을 움직일 수 없습니다. 그렇다면 무엇이 사람의 마음을 움직일까요? 그것은 그 상품이 가지고 있는 '애매하지만 왠지 머릿속에 맴도는' 부분을 각 개인의 생활 속에 녹여내는 일입니다.

누군가에게 어떤 상품을 팔고 싶을 때는 품질에 관한 설명뿐 아니라 '이것이 있으면 하루하루가 즐겁다' '왠지 편안해진다' '기분이 설렌다'라는 식으로 소비자의 마음을 흔들어야 합니다. 술을 예로 들어볼까요. 이 술은 어떤 상황에서 마시면 좋은지, 누군가와 함께 즐기거나 혹은 혼자 마시기에 더 좋은지 등의 느낌을 전달해야 합니다. 품질의 장점을 다른 술과 비교하며 이야기하는 것이 상대축의 세계라면, '왠지 즐겁다'는 절대축의 세계입니다. 상대축 안에서 살아가면서도 절대축의 감각을 놓치지 않는 일은 대단히 중요합니다.

스펙을 어필하기 위해서는 숫자나 논리가 효과적입니다. 그러나 '왠지 좋다'라는 느낌을 전하기 위해서는 그것만으로는 부족합니다. 그래서 디자이너는 매일 시행착오를 거치며 다양한 표현 방법을 시도합니다. 그림으로 설명하고, 영상으로 보여주고, 때로는 시나 이야기를 만들 때도 있습니다. 받아들이는 쪽에 따라서 효과가 다르기 때문에, 상대방에게 좋은 반응을 얻은 표현만 골라 연결해 나갑니다.

흘러넘친 애매함을 포착해 연결하는, 언어로 표현되지 않는 감각을 적극적으로 받아들여 구체화하고 출력하는 게 디자이너의 일입니다. 저는 이런 디자이너의 일이 최고로 즐겁다고 매일 실감하고 있습니다. **여백은 말로 표현할 수 없는 '왠지 좋아'가 모이는 장소**이기도 합니다.

⑥ 체감의 토대

일단 자신의 감각을 믿어보세요. '맘에 들어' '기분 좋아' '편안해' '두근거려' '감동이야'라는 감각들은 자연스럽게 자기 신체의 목소리가 새어 나오는 것입니다. 나의 '즐거워' '맘에 들어'를 우선하면서 소중히 여기는 시간을 가져도 좋지 않을까요? 우리는 여백 안에 있을 때 그 감각에 솔직해질 수 있습니다. 자신의 긍정적 충동에 정직해지면 여유 있는 새로운 여백의 세계가 펼쳐집니다.

⑦ 언제든지 끝낼 수 있는 자유

'재미있어 보이면 도전한다'만큼 중요한 것이 '언제

든지 끝낼 수 있는 자유'입니다. '모처럼 여기까지 왔는데' '지금 그만두면 모든 노력이 헛수고가 된다'와 같은 의견은 신경 쓰지 않아도 됩니다. 시작한 것이 나라면, 끝내는 것도 내가 되어야 합니다.

가지이 모토지로梶井基次郎의 《레몬檸檬》은 제가 학창 시절부터 좋아하던 소설입니다. 이 소설에 등장하는 '나'는 레몬을 폭탄에 비유해서, 불편하게 느껴지는 어떤 장소를 산산조각 내는 상상을 하며 즐거워합니다.

이 레몬처럼 누구나 '언제든지 끝낼 수 있다'라는 각오를 마음속에 가지고 있어야 합니다. 지금 자신이 존재하는 (상대적인) 이 세상이 전부가 아니며, 그곳에 영원히 갇혀 있는 것도 아닙니다. 그곳을 나갈지 아니면 계속 있을지 결정하는 자유 혹은 권리를 확보해둡시다.

'상대적인 사회를 언제든 끝낼 수 있는 정신', 이것이 바로 여백을 소중히 여기면서 절대축으로 살아가는 데 매우 중요한 요소입니다.

여백의 이미지

① 뭐든지 받아들이는 거대한 완충재

② 애매하거나 말로 표현할 수 없는 생각

③ 장난감 상자

④ 그냥 해보고 싶은 마음

⑤ 왠지 좋은 느낌

⑥ 체감의 토대

⑦ 언제든지 끝낼 수 있는 자유

여백이 전체의 완성도를 결정한다

지금까지의 설명 가운데 어떤 한 가지라도 직감적으로 깨닫거나 이해되는 표현이 있었습니까? 아니면 '좀 더 이런 식으로 말하면 좋겠다'라는 이미지가 떠올랐다면 그것이 '당신의 여백'입니다. 그런데 여기까지 읽으면서 여백을 '대략적인 것' '무책임한 것'으로 이해한 분들이 있을지도 모릅니다. 하지만 그렇지 않습니다.

여백은 정말로 중요한 대상(코어)을 소중하게 지키기 위한, 의미 있는 공백입니다. **그곳에서는 불필요하거나 불쾌한 요소들을 엄격히 배제합니다.** 실제로 디자인 작업에서도 여백을 만드는 데 정말 많은 신경을 씁니다. **주요 부분이 아무리 멋지더라도 여백이 조잡하면 전체가 물거품이 될 수도 있기 때문입니다.**

'악마는 디테일에 있다'라는 유명한 속담이 있습니다. 아무것도 놓이지 않은 여백을 포함해 상세한 디테일까지 신경 씀으로써 디자인의 품질이 올라갑니다.

하지만 우리는 평소 여백에 대해 신경 쓰는 일이 별로 없습니다. '애초에 여백을 만들 수 없다' '여백이 있으면 불안하다' '여백이 없는 게 더 익숙하다'라는 분도 많습니다. 그런데 갑자기 '여백의 분위기에 대해 생각해보자'라든가 '멋진 여백을 만듭시다'라고 하면 당연히 당황할 수밖에 없지요.

우선은 여백을 만들고 싶다는 마음을 가집시다. 그 뒤에 전개되는 여백의 엄격함과 세련된 세계관에 대해서는 여백을 만든 이후에 생각해도 됩니다. 여백을 만들게 되면 '나에게는 이런 여백이 잘 맞는구나' '여백을 이런 식으로 파악하는 편이 이해가 더 잘 되네' '이런 여백이 더 마음에 들어'와 같이 자연스럽게 여백의 좋고 나쁨도 판단할 수 있습니다.

여백 사고란?

사물과 사물, 사람과 사람 사이에 전략적으로 틈새를 만드는 것이다. 여기서 편안한 틈새는 의도적으로 만들지 않으면 얻을 수 없다는 점을 기억하자.

우리는 '힘내자' '더 노력하고 성장하자'라고 마음먹으면 틈새를 생각하지 않고 이것저것 가득 담아버린다. 그렇게 되면 어느새 정말 소중한 일이나 목표, 꿈에는 소홀해지고 '괴롭다' '힘들다' '지친다'와 같은 부정적인 기분만이 남는다.

좋은 것, 당신다운 것, 보람 있는 것, 창의적인 것을 만들기 위해서는 여백이 필수적이다.

지금 당장 가능한 여백 사고

- 일정을 짤 때는 각 예정 사이의 시간을 의식적으로 확보해서 반드시 계획에 완충장치를 넣는다.
- 거리감이 지나치게 가까운 사람과는 적극 거리를 둔다.
- 너무 혼잡한 지하철이나 엘리베이터는 피한다.
- 가족 구성원이나 직장인으로서의 나 이외에 제3의 자기 자신을 찾는다.
- 공간을 채우지 않는다. 가득 찬 공간에 만족하지 않는다.
- 자신에게 무엇이 중요한지 한번 생각해본다. 구체적으로 무엇을 할 때 즐거운지, 어떤 일에 보람을 느끼는지 등을 살펴본다.
- '한계까지 꽉 채우기'를 목표로 삼는 일을 그만둔다.
- 평소 들고 다니는 가방의 짐을 '절반'으로 줄인다.
- 자신 있는 것, 좋아하는 것, 이유는 없지만 좋다고 생각하는 것에 제대로 시간과 노력을 투자한다.

2장

일의 여백

신속하고 훌륭한 결단, 팀워크,
앞으로 나아가는 힘을 만드는 방법

중요한 결단을 내릴 때
망설이지 않기 위해

인생은 결단의 연속입니다. 경영자에게도, 디자이너에게도 필요한 자질 중의 하나가 바로 결단력입니다. 게다가 그 결단에는 속도가 요구되기에 망설일 여유가 없습니다. **하루하루 신속하게 결단을 내리고 진행해야 합니다.**

일하는 사람이라면 누구나 매일 많은 결정을 요구받습니다. 개중에는 신속하게 결정하는 일에 어려움을 느끼는 사람도 많습니다. 실제로 우리는 매일 직면하는 수많은 결단의 상황을 '현상 유지'나 '선택하지 않는다'로 끝내

버리는 경향이 있습니다. 결단을 통해 얻을 수 있었던 기회를 그냥 방치해서 놓쳐버리는 경우도 많습니다. 맡은 일에서 직책이 올라가면 필요한 결단은 더 많아지고 중요해지며 신속함이 요구됩니다. 경영자의 가장 중요한 역할은 '결정하는 것'이라 해도 지나치지 않을 정도로 경영 현장에서는 결단을 반복해야 합니다.

저도 과연 경영자로서 평소 결단을 잘 내리고 있을까요? 저는 그때그때 필요한 속도로 일을 결정하고 있다고 생각합니다. 이것 역시 '여백'의 힘이라고 믿고 있습니다.

'결정'이라는 행위를 생각할 때면 언제나 떠오르는 감각이 있습니다. 대학에서 사진표현을 전공하면서 저는 수천, 수만 장의 사진을 찍었습니다. 그런데 어느 날, 지도교수가 이렇게 말했습니다. "하나의 렌즈를 완전히 자기 것으로 만들려면 같은 렌즈로 1만 장의 사진을 찍으세요." 이 말을 듣고 거의 매일 일안 리플렉스 카메라(SLR)를 어깨에 메고 다녔습니다. 학생들에게 주어진 과제는 24장이나 36장 등의 매수 제한이 있는 필름 촬영이었습니다. 여기서는 디지털카메라처럼 몇 장을 찍어도 된다는 논리는 통하지 않습니다. 24장 필름이라면 24회, 36장 필름이라면 36회, 딱 그만큼만 '세상을 찍을 권리'가 주어집니다.

저는 항상 이런 생각을 머릿속에 두고 피사체를 마주했습니다. 이렇게 '구도를 찍을 권리'야말로 '결정한다'라는 것을 의미합니다. 제한된 횟수만큼 세계를 찍을 권리를 가지는 것, 긴장감이 동반되는 이 감각은 지금의 제 일에도 여전히 살아 있습니다.

이 감각은 디지털카메라로는 결코 느낄 수 없습니다. 디지털카메라로 사진을 찍는 일에 익숙해지면, '결정한다'라는 행위의 책임감을 덜 느끼게 됩니다.

근본적으로 디지털카메라와 필름 카메라는 피사체에 대한 접근 방식이 다릅니다. 필름 카메라는 **흘러가는 풍경이나 피사체의 시간을 마주하다 한순간에 셔터를 눌러, 눈앞에 펼쳐진 무한한 선택사항 가운데 하나의 화각을 사진에 담습니다.** 셔터 소리와 함께 이루어지는 특별한 의식과도 같은 감각이 존재합니다.

그에 비해 디지털카메라는 우선 셔터를 누른 뒤 과거를 돌아보며 결정합니다. 일단 사진을 많이 찍고 그중에서 가장 좋은 것을 선택합니다. 이를테면 소거법의 촬영 방법입니다.

일부 디지털카메라는 필름 카메라처럼 컴퓨터에 연

결하지 않으면 찍은 사진을 확인할 수 없는 등, 필름과 디지털의 경계선에 위치하는 기종도 있습니다. 그러나 근본적인 사고방식이 다르기 때문에, 디지털카메라에서는 필름 카메라 특유의 스스로 직접 '결정한다'라는 능동성과 셔터를 누를 때의 결단력, 의식 등은 좀처럼 느껴지지 않습니다.

'결단'과 '판단'의 가장 어려운 점은 아직 무엇도 정해지지 않은 세계에서 스스로 상상해 화각을 결정해야 한다는 것입니다. 그리고 이 어려운 결단과 판단이야말로 인생의 중요한 열쇠가 됩니다. 예를 들어 '어떤 직업을 가질까?' '어떤 회사를 선택할까?' '대학에서는 무엇을 공부할까?' '어디에서 살까?' '결혼을 할까 말까?' '아이를 가질까 말까?' 등 이 모든 판단의 순간에서 자신의 결정이 정답인지 아닌지는 알 수 없습니다. 확실한 것은 결정했다는 사실뿐입니다. 이는 나중에 되돌아보며 선택할 수 없는 필름 카메라식의 선택입니다. 이번 장에서는 이러한 필름 카메라식 결정에 대해 이야기해보고자 합니다.

큰 실패도 '스스로 결정한 결과'라면

다음으로 이어지는 기회가 된다.

그러나 '결과적으로 그렇게 됐을 뿐'이라면

다음에도 반드시 실패로 끝난다.

'좋은 결정'은 여백에서 만들어진다

저는 어떤 결정도 가능한 한 그 자리에서 내립니다. 첫 번째 이유는 단순히 고민하는 시간이 아깝기 때문입니다. '오래 고민하고 시간을 들이면 좋은 결정을 내릴 수 있다' '다각도로 사물을 검증하면 더 좋은 결론이 나온다'라는 결단의 방법론을 저는 그다지 신뢰하지 않습니다. 그보다는 최초의 영감을 믿고, 그 영감의 정밀도를 높여가는 편이 훨씬 심플한 사고방식이라고 생각합니다.

물론 처음에는 '뭔가 이상하다' '조금 신경 쓰인다'라고 느꼈더라도, 이야기를 듣다보면 그럴 수도 있겠다고 설득당해서 처음과는 다른 판단을 내릴 때도 있습니다. 하지만 **최초의 영감을 부정해서 좋은 결과로 이어진 적은 한 번도 없었습니다.** 또한 처음부터 자신의 영감을 부정하기 때문에, 그 연장선에서 판단하는 일에도 정밀도가 점점 더 떨어지게 됩니다. 그래서 저는 판단의 정밀도를 높이기 위해 자료를 읽거나 정보를 수집하는 데는 시간을 들이지만, 정작 판단할 순간이 오면 단숨에 결정합니다.

결정을 그 자리에서 내리기 위한 필요조건이 바로 여

백입니다. **즉석에서 좋은 판단을 내리기 위해서는 자기 안에 여백을 가지고 있어야 합니다.** 영감을 최대한으로 활성화하기 위해서입니다.

우리는 평소 다양한 선입견과 편견을 접하고 있습니다. 본인 스스로는 영향을 받고 있지 않다고 생각해도, 자신도 모르게 편향된 관점에서 사물을 보는 경우가 많습니다. 특히 여백 없이 빡빡한 상황에서는 영감이 제대로 작동하지 않습니다. 사고의 게슈탈트 붕괴가 일어나서 눈앞의 본질을 보지 못하기 때문입니다.

좋은 영감의 원천이 되는 것은 중립입니다. 중립을 유지하기 위해서 제가 자주 하는 행동은 **점프**입니다. 비유가 아니라 진짜 점프입니다.

어떤 판단을 내려야 할 때 '지금 여백이 좀 부족한 것 같아' '다른 일로 머리가 가득 찼어'라는 생각이 들면 실제로 제자리에서 깡충깡충 뜁니다. 그러면 신체축을 중립적인 위치로 되돌릴 수 있습니다. 운동선수들은 신체의 균형을 되찾기 위해 점프를 하는데, 그것과 완전히 동일한 원리입니다. 심신일체, 신기하게도 마음은 신체를 따라갑니다.

또 한 가지 제가 추천하는 방법은 **욕조의 따뜻한 물 속**

중요한 결단을 내릴 때는

마음과 몸에 의식적으로 여백을 만들자.

그러면 적어도 후회하지 않는

선택을 할 수 있다.

에 잠수하는 것입니다. '공기(분위기)를 읽지 못한다'라는 말도 있듯이, 사회성이나 상대성은 공기와 함께 우리에게 달라붙어 있습니다. 욕조에 몸을 담그면 신체 주변에서 공기가 사라지고 물에 둘러싸이면서 불필요한 것들이 전부 떨어져 나가는 느낌을 체험할 수 있습니다. 단순히 욕조 목욕이나 수영장을 좋아한다는 개인적인 이유도 있지만, 저는 매일 아침저녁으로 욕조에 따뜻한 물을 받아 머리끝까지 몸을 담급니다. 욕조에 몸을 담금으로써 공기를 차단하는 것도 자신과 사회 사이에 여백을 끼워 넣는 작업인지도 모릅니다.

뛰어난 경영자 중에는 달리기나 웨이트 트레이닝, 사우나, 철인3종경기 등의 취미를 가진 사람이 많습니다. 공통점은 눈앞의 대상에 집중해서 **'사고를 비운다'**라는 점입니다. 다시 말해 아무 생각도 하지 않는 것입니다. 욕조에 몸을 담그거나 점프하는 행동에는 운동이나 사우나와 마찬가지로 생각을 멈추고 불필요한 것들을 털어버리는 효과가 있습니다. 이것들은 모두 본질적이고 명확한 판단을 내리기 위해 자기 자신을 리셋하는 수단입니다.

그렇게 해도 중립에 이르지 못할 때가 있습니다. 뭔

가에 몹시 화가 났거나 피곤한 상황에서는 중립을 유지하기가 어렵습니다. 그런 상태에서는 결론을 내리지 않는 게 중요합니다.

술을 마시면서 내리는 결론은 제대로 된 결론이 아닙니다. 회식 자리에서 어떤 약속을 하는 일도 그만둡시다. 흥이 올라 의기투합하는 단계까지만 하고, 실제로 결론을 내리는 것은 중립적인 상태가 될 때까지 기다리는 편이 좋습니다.

누군가가 "지금 당장 결정해주세요"라고 몰아붙이면 저는 '이런 위협적인 요청은 들어드릴 수 없습니다'라고 항의하고 싶어집니다. 결단은 즉시 내려야 한다고 믿지만, 어디까지나 자발적인 행위로서 이루어져야 합니다. 상대방에게 강요당한 결단에는 영감이 발휘되기 힘듭니다. 결단은 자신의 여백 속에서, 내가 주체가 된 타이밍에서 내려야 합니다.

최고와 최악 사이의
여백

경영자로서, 그리고 타인에게 일을 맡기는 입장으로서 제가 가진 방침이 있습니다. **항상 최고의 퍼포먼스를 추구할 것**, 그와 동시에 **최악의 상황을 상정하고 리스크 헤지**^{hedge}**를 마련해둘 것**입니다.

이 두 가지 방침을 동시에 유지하는 일이 중요합니다. 그렇지 않으면 관리가 순조롭게 이루어지지 않습니다. 최고의 상황만 고려하는 일은 지나치게 낙관적이고, 최악의 상황을 대비하는 데만 신경 쓰고 있으면 진보도 혁신도 일어나지 않습니다. 그렇게 되면 아무런 재미도 찾을 수 없습니다. 이 두 가지를 양쪽 끝에 '붙이는' 것이 결단의 철칙입니다. '어디까지 그 거리를 넓힐 수 있는가?'에 따라 그 사람의 기량이 결정됩니다.

최고와 최악을 동시에 시야에 넣습니다. 그리고 그 사이는 어느 정도 타자가 개입할 수 있는 여백의 영역으로 열어둡니다. 이는 경영 현장에 국한되지 않고 모든 결정에서 매우 중요한 요소입니다.

최고와 최악의 기준선을 결정하면 당연히 모든 결정

은 이 범위 안에서 이루어집니다. 이것은 무대 오른쪽 끝에서 왼쪽 끝까지의 길이, 앞에서 뒤까지의 깊이, 그리고 바닥에서 천장의 높이까지 정해졌다는 의미입니다. 무대에 선 사람들에게는 여기서 벗어나지만 않는다면 마음대로 행동해도 좋다고 결정권을 맡길 수도 있습니다.

경영자인 제가 고민하는 부분은 좋은 무대를 만드는 일입니다. 그리고 가능한 한 큰 무대로 만들고자 합니다. 여차하면 굴러떨어질 것 같거나 모습이 가려져 보이지 않는 작은 무대에서는 마음껏 퍼포먼스를 펼칠 수 없습니다. 팀원들에게는 '(이 범위 안에서라면) 마음대로 결정해서 행동해도 좋아'라고 알리고, '그건 불가능해'라는 말은 되도록 삼가야 합니다.

이를 위해서 불가능한 일이 거의 없는 무대, 다시 말해 전제를 만듭니다. 바로 최고와 최악의 기준선을 최대한 멀리 떨어트려 놓고 그 사이에 여백 지대를 만드는 일입니다. 이것은 경영뿐 아니라 인생에서도 마찬가지입니다. 최고와 최악의 기준선 간격을 넓게 잡는 것만으로 자신이 움직일 수 있는 범위와 자유도가 현격히 커집니다.

언제나 최고만을 추구하는 것은 언뜻 멋있어 보입니다. 그러나 저는 숨이 막힙니다. 반드시 달성해야 하는 하나의 목표를 정하고, 촘촘히 계획을 세우고, 매일 노력하면서 그곳을 향해 돌진하는 일은 멋집니다. 하지만 하고 싶은 일이 그때그때 바뀌는, 여기저기 기웃거리고 돌아가기도 하는 삶의 방식도 즐거울 것 같지 않나요?

저는 가능하면 즐거운 일만 하면서 살고 싶습니다. 가급적 스트레스를 받지 않고, 있는 그대로의 모습으로 지내고 싶습니다. 그러기 위해서는 가능한 한 큰 수조, 다시 말해 여백이 있어야 합니다. 그래야 저뿐만 아니라 다른 모두가 자유롭게 헤엄칠 수 있습니다. 헤엄치는 방향도 '이쪽을 향해서!'라는 화살표를 따르는 게 아니라, 수조 안이라면 어느 쪽이라도 괜찮습니다. 결과적으로 최선의 성과로 이어진다면 그걸로 충분합니다.

물론 개중에는 '수조에서 벗어나고 싶다'라고 생각하는 사람도 있겠지요. 수조가 조직이라면 '그렇다면 지금 조직을 떠나는 편이 좋지 않을까?'라고 자문해보고, 뜻대로 벗어나면 됩니다. 수조, 다시 말해 회사는 어디까지나 무대입니다. 개인이 사회와 싸우기 위한 무대입니다. 자신답게 싸우기 위해서 최대한 이용하는 편이 바람직하며, 그 무대 안에서 헤엄치기 어렵다고 느낀다면 무리하지 말고 떠나야 합니다.

'서로의 능력을 살리는' 시너지 효과

다른 사람에게 일을 맡기거나 의뢰하는 게 불편한 사람이 있습니다. 내가 직접 하는 편이 빠르다고 무심코 생각해버리는 증후군이라고 할까요? 특히 이런 성향은 일을 '잘하는' 사람들에게 많고, 처음 관리직이 된 사람이라면 누구나 한 번은 거쳐가는 고민입니다.

저 역시 작품 제작에 있어서는 그렇게 생각하는 경향이 없지 않습니다. 혼자 하면 당연히 다른 사람과 함께할 때보다 스트레스도 적고, 내 의도대로 결과가 나오기도 쉽습니다. 결과를 얻지 못하면 전부 자기 책임이니 본인의 능력을 키우면 됩니다.

하지만 최근에는 주위 사람들과 함께 만들어간다는 의미를 절실히 깨닫고 있습니다. **타인과 함께 만드는 과정에서 발생하는 '불규칙', 다시 말해 우발성이 예상치 못한 효과를 낳아서 결과적으로 작품의 질을 높여주는** 경우가 많다는 사실을 알게 되었기 때문입니다.

작품 제작이나 프로젝트도 혼자 완결짓는 것보다 우발적인 불규칙이 발생하는 편이 더 좋은 결과가 나오는 경우가 많습니다. 모든 일이 처음 자신의 설계도대로 진행된다면, '이미 존재하는 것' '이미 존재하는 가치' 안에 머물 뿐입니다. 자신이 할 수 있는 범위 안의 것만을 출력하는 단조로운 일이 될 수 있습니다. 이것은 의외로 지루하고 빨리 싫증이 납니다.

논리의 전개 끝에 최적의 해답이 존재하는 분야의 일이라면 그렇게 해도 괜찮을지 모릅니다. 그러나 이 책의 시작 부분에서 소개한 것처럼 자신의 경험과 흥미, 관심을 바탕으로 비연속적인 컨셉을 끌어내는 '아트 씽킹'이나, 상품과 서비스를 사용자의 관점에서 바라보고 해결책을 생각하는 '디자인 씽킹'은 불규칙성을 결코 꺼리지 않습니다. 오히려 눈이 번쩍 뜨이는 놀라움과 예상치 못한 기쁨을 만들어내는 존재로서 환영하고 있습니다.

저도 사실 '전부 내 생각대로 하자'라고 했다가 실패한 경험이 있습니다. 몇 년 전, 처음부터 끝까지 내 집을 직접 설계해서 짓기로 했습니다. 나의 모든 생각이 반영된 '이상적인 집', 이랬으면 좋겠다는 모든 바람을 담은 집이 드디어 완성되었습니다. 그런데 몇 개월 만에 싫증이 나고 말았습니다.

처음에 살기 시작했을 때는 매일매일 정말 기분이 좋았습니다. 있어야 할 것이 있어야 할 장소에 존재하는, 언제나 가려운 곳을 긁어주는 완벽한 공간. 위화감 없는 자연스러운 일상의 연속이었습니다. 하지만 반대로 놀라움은 하나도 없었습니다. 공간으로서의 새로운 발견이 없었습니다. 생활의 아이디어를 고민할 필요도, '좀 더 이랬으면 좋겠다'라는 희망도 없었습니다. 실망하는 일은 없었지만 새로운 기쁨도 없었습니다. 그래서 점점 '재미없어…'라고 느끼기 시작했습니다. 스트레스는 받지 않았지만 설렘도 없었습니다. 뜨겁지도 차갑지도 않은 미지근한 물에 몸을 담그고 있는 듯한 기분이었습니다.

'내가 아닌 존재'라는 요소는 대단히 중요합니다. 우연성의 힘을 빌린다는 것, 자신이 아닌 다른 존재의 힘을 믿는다는 것, 그런 점들을 받아들이면서 나의 상상력과 세계가 넓어집니다. 문이나 창을 만들어 외부의 풍경을 받아들이는 차경借景의 아름다움과 풍부함을 진심으로 납득할 수 있었던 경험이었습니다.

나의 짐을 과감히 다른 사람에게 맡김으로써 세계가 넓어질 수 있습니다. 이를 깨닫고 나니 내가 아닌 존재, 다시 말해 자연이나 다른 사람에게 맡기는 일이 전보다 수월

해졌습니다.

앞에서 이야기했듯이 최고와 최악의 간격을 넓게 벌려두고, 그 안에서 다른 사람에게 일을 맡기는 게 중요합니다. 그 사람이 목적을 확실히 이해하고 진지하게 임한다면, '나라면 이렇게 하겠다'라는 생각은 일단 봉인합니다. '내가 아닌 존재'에게 가능한 한 'GO' 사인을 줍니다.

지금 생각해보면 제가 직접 설계해서 지은 집에는 확실히 저에게 필요한 여백이 존재하지 않았습니다. 모든 것을 통제하면서 내가 생각하는 최고의 상태를 만든 결과, 새로운 요소가 전혀 생겨나지 않게 되었습니다.

자신의 힘만으로 완결시키지 않고 타인과 우연의 힘을 곱할 수 있는 장소, 그곳이 바로 여백입니다. 그러한 장소를 신체적, 시간적, 심리적으로 항상 확보해두는 것이 이 책에서 주장하는 '여백 사고'의 기본입니다.

사람을 움직이는 단순한 본질

세상에는 다양한 선입견과 여러 역학이 작용하고 있기 때문에, 본질은 점점 더 보이지 않고 깊숙이 숨어버림

너무 생각대로만 진행되면

결국은 지루해진다.

재미와 보람에는

'의외성'이 필수다.

니다. 본질에 대해 생각하기보다 눈앞의 대상이 신경 쓰여 견딜 수 없습니다.

어떤 프로젝트의 참여 여부를 타진해본다고 가정합시다. 여러분이 기업의 경영자라면, 새로운 일이나 영업처에 대한 의뢰가 들어왔다고 상상해보세요. 그럴 때는 '이 일을 수주하면 이런 업무가 늘어나는데' '클라이언트 측의 ○○ 씨는 상당히 까다로운 타입이라는 평판이 있던데' '무엇보다 시간도 없는데' 등의 부정적인 측면에만 신경이 쓰이기 십상입니다.

충분히 이해가 갑니다. 하지만 역시 저는 그런 부정적인 요소를 생각하기보다 "프로젝트가 잘 진행되면 재미있을 것 같지 않아?"라는 긍정적인 자세로 임하고 싶습니다. 그리고 의외로 그런 말 한마디가 사람을 움직이는 힘을 가지고 있습니다.

물론 저도 적당히 되는 대로 말하지는 않습니다. 새로운 프로젝트의 본질은 무엇인지 충분히 검토하고 고민한 끝에 나온 해답이 '재미있을 것 같다'였습니다. 이를 순수하게 눈앞에 보여주고 간단하게 전달합니다. 이렇게 하면 합리화를 위해 논리로 설득하는 것보다 진심이 전해져서 사람의 마음을 움직일 수 있습니다.

'재미있다' '두근거린다' '좋다'라는 감정을 소중하게 여기는 일은 누구라도 쉽게 할 수 있습니다. 그저 순수한 절대축의 나로 돌아가면 됩니다. 하지만 사회에서 시달리다 보면 어느샌가 말할 수 없게 됩니다. '언제까지 어린애처럼 속 편한 이야기만 할 거야' '변함없이 어리석은 꿈을 꾸고 있구나'라는 한마디에 포기해버리고 맙니다. 하지만 애초에 그런 것이야말로 사람을 움직이는 힘입니다.

순수함을 유지하기 위해서는 물론 나름의 '역량'이 필요합니다. 이제 막 대학을 졸업한 신입사원이나 어시스턴트가 가벼운 태도로 '재미있을 것 같으니까 괜찮지 않아요?'라고 말한다면, 저도 '아니야. 결론을 내리기 전에 조금 더 생각해보자'라고 대답할지 모릅니다. 결국 적절한 균형이 중요합니다. 이때 필요한 것도 사고방식의 여백입니다.

지시와 통제는 종이 한 장 차이

회사에 다니는 친구가 얼마 전 이런 속내를 털어놓았습니다. "올해 들어온 신입의 지도를 맡았는데, 완전히 연쐐 질문마야. 일일이 다 물어보는 통에 피곤해 죽겠어." 모든 일에 지시와 설명 그리고 당장 대답을 듣고 싶어 하기 때문에 '우선은 본인이 좋다고 생각하는 쪽으로 해봐'라고 말해도 통하지 않는다고 했습니다. 대신 지시한 일은 제대로 마무리해서 그런 의미에서는 우수하다고 말하면서도 고개를 저었습니다.

저희 세대도 귀에 딱지가 앉을 정도로 들었기 때문에 '요즘 젊은이들은' 같은 논조로 이야기하고 싶은 마음은 없습니다. 일일이 지시해주길 원하는 사람은 나이에 관계없이 존재합니다. 그리고 그들에게도 나름의 적재적소가 있다고 생각합니다.

하지만 디자이너의 입장에서 보면 그런 사람은 디자인 업계에서 일하기 어렵다고 생각합니다. 지시한 내용을 그대로 수행하기만 한다면, 그 사람은 디자이너가 아니라 오퍼레이터(조작하는 사람)이기 때문입니다. 그런 능력은 가까운 미래에 틀림없이 기계나 AI가 대체할 것입니다.

챗GPT나 미드저니^{Midjourney}처럼 이미 AI는 그 존재감을 사회에 분명히 드러내기 시작했습니다. 장래에는 세부적인 부분까지 훨씬 자연스러워지고, 비용도 노력도 획기적으로 줄어들 것입니다.

저는 '사람'이 어떤 일에 관여한다면 그 사람만의 '두뇌'가 개입되기를 바랍니다. 그러므로 지시를 내릴 때도 당사자가 개입할 수 있는 방식을 취하고 있습니다. 담당자에게 재량권을 주는, 다시 말해 일의 지시에도 여백을 줄 수 있게 의식하고 있습니다.

'자유롭게 해도 좋아'라는 말을 들으면 오히려 어떻게 해야 할지 몰라 혼란스러운 경우도 있습니다. 예를 들어 편의점이나 슈퍼마켓의 계산원은 매뉴얼대로 정확하게 업무를 처리해야 합니다. 그러한 작업을 잘 수행하는 일도 행복의 한 형태입니다.

하지만 일은 일대로 확실히 하는 한편, '놀이'라고 할 수 있는 '자유롭게 결정할 수 있는 영역'은 가지고 있는 편이 좋습니다. 그것은 자신이 개입하고 인정받는다는 인간의 본질적인 승인 욕구와도 연결됩니다. 기본적으로 일하는 사람은 모두 자기 머리를 쓰면서 업무에 임할 때, 개인적 행복감이 더 높아진다고 생각합니다.

'상대방의 기대에 100% 부응하고 싶다'라고 생각하는 사람들이 있습니다. 매우 훌륭한 마음가짐이지만, 상대에게 100% 자기 자신을 맡기는 일은 그만두는 편이 좋습니다. 그것은 의존이기에 결국 자신의 여백은 점점 줄어듭니다.

어느 시점에 갑자기 사다리가 사라져버릴지도 모릅니다. 자신의 판단이 아니기 때문에 이유를 알지 못한 채 깊이 상처 입고 고민하게 됩니다. 성실한 사람일수록 정신적으로 무너지기 쉬운 데는 이런 원인도 있지 않을까요?

상대가 스스로 생각하고 행동할 수 있게 하려면 먼저 **지시를 내리는 쪽의 행동부터 변해야 합니다.** 지시를 내리는 방식을 바꿔 오히려 통 크게 재량권을 넘겨줍니다. 여백이 포함된 상태로 상대에게 건네주는 것입니다. 그리고 상대방이 실패하거나 큰 실수를 저질렀을 때는 당연히 상사가 책임질 각오를 합니다. 한 번의 실패도 용납하지 않는 사회 풍조에서는 대단히 어려운 일이지만, 결단하지 않으면 언제까지나 변하지 않습니다.

물론 직원을 질책해야 하는 상황도 있습니다. 기대를 벗어났다면 그럴 필요가 있습니다. 회사는 즐거우면 그걸로 됐다는 동아리 활동이 아닙니다. 프로로서 일하고 있는 만큼, 의미 없는 배려는 필요하지 않습니다. 그러나 업무적인 관계를 인간으로서의 관계와 하나로 묶지 않는 게 중요합니다. 이는 혼나는 쪽도 마찬가지입니다. 상사에게 혼났다고 해서 '미움받았다' '찍혔다'라고 생각할 필요는 없습니다. 그 구별만 제대로 할 수 있다면, 상사와 직원은 서로의 여백을 존중하면서 최대한으로 능력을 살려 업무를 수행할 수 있습니다.

여백이 없는 곳에서는
사람이 성장하지 않는다.

동료와
파티 맺기

〈드래곤 퀘스트〉라는 롤플레잉 게임[RPG]을 아십니까? 〈파이널 판타지〉와 함께 일본 RPG의 명작으로 알려진 이 게임에서는 스토리가 진행됨에 따라 주인공과 함께 모험 하는 동료가 늘어납니다. 주인공과 동료를 어떻게 조합할 지, 다시 말해 '파티'를 어떻게 짜는지가 게임의 묘미 중 하나입니다.

〈드래곤 퀘스트〉의 기본 설정을 소개하면, 일행은 '마 차'를 가지고 있고 그 안에는 파티원에 들어가지 못한 동 료가 대기하고 있습니다. 그리고 '술집'이 있어서 파티와 마차 멤버를 포함한 구성원을 바꿀 수 있습니다.

저는 회사의 경영과 업무는 〈드래곤 퀘스트〉의 '주인 공' '파티' '마차' '술집'이라는 네 가지 역할과 비슷하다고 생각합니다. 이 네 가지가 순조롭게 기능함으로써 모험도 회사도 앞으로 나아갈 수 있습니다. 주인공은 말할 필요도 없습니다. 회사 경영이라면 경영자, 프로젝트라면 리더, 인 생이라면 자기 자신입니다.

파티라는 것은 같은 목표를 위해 한마음으로 서로를

돕고 사력을 다하는 멤버들입니다. 마왕을 쓰러뜨리고 세상을 평화롭게 만들겠다는 소망을 가진 용사가 있습니다. 그 용사의 파티원이 되는 조건은 목숨을 걸고 용사와 같은 꿈을 좇는 것, 그리고 이를 실현할 능력을 갖추고 있어야 합니다. 마음만으로도, 능력만으로도 불가능합니다. 둘 다 갖춘 사람들이 모여야 훌륭하게 미션을 수행할 수 있습니다.

만약 강한 마음이 없더라도 어떤 능력을 제공할 수 있다면 마차를 찾아갑시다. '사실 세계 평화에는 그다지 관심 없지만, 강력한 회복 마법은 사용할 수 있습니다'라는 사람은 마차에서 대기하면 됩니다. 위기에 처했을 때만 부분적으로 도와주는 관계를 맺으면 되기 때문입니다.

그와는 반대로 마음은 충분하지만 능력이 없는 사람은 술집에 머물면서 가끔 함께 술을 마시고 기운과 응원을 보내줍니다. 그런 역할도 필요합니다. 〈드래곤 퀘스트〉 제작사와는 해석이 조금 다를지도 모르지만, **이 네 가지 역할을 구분해서 사용함으로써 모든 일이 순조롭게 돌아간다**고 생각합니다.

나 자신도 일의 성격에 따라 네 가지 역할 중 어딘가에 들어갑니다. 저는 어떤 커뮤니티에서는 주인공이지만,

다른 커뮤니티에 가면 술집 멤버입니다. 부분적인 역할로 디자인을 담당하는 커뮤니티에도 속해 있습니다.

또한 아무리 주인공이라도 혼자서 모든 것을 할 수는 없습니다. 파티, 마차, 술집이라는 세 가지 역할을 잘 활용할 수 있도록 고민해야 합니다. 이런 생각을 하기 위해서는 참가자 전원의 머릿속 어딘가에 여백이 필요하며, 이를 통해 사고의 여백도 넓어집니다.

여기에서는 '마음'과 '능력'이라는 두 가지 요소를 소개했습니다. 그런데 최근 마음이 가장 중요하다고 생각하는 사람들이 많아지고 있습니다. '노력했지만 결과를 얻지 못했다면, 어떠한 형태로든 보상받아야 한다'라는 관점입니다. 인생에서는 잠시 길을 벗어나 다른 곳을 걸어보는 일도 중요하다고 생각합니다. 그것이 이 책에서 거듭 이야기하는 여백입니다.

하지만 경영자로서는 **능력도 중요**합니다. 그래서 저는 능력 있는 사람들이 자유롭게 도전할 수 있는 장소, 무대로서 회사가 존재해야 한다고 생각합니다.

‘마음’과 ‘능력’을 가진 분야에서

주인공이 될 수 있다면

인생은 넘칠 정도로 풍요로워진다.

결단을 내리기에
'완벽한 때'란 없다

여기까지 읽은 분이라면 이미 저의 근본이 경영자라기보다 디자이너나 아티스트 같은 창작자 쪽에 가깝다는 사실을 알아차리셨을 겁니다. 저뿐만 아니라 디자이너는 어떤 의미에서 독불장군 같은 성격을 가진 사람이 많습니다. 혼자 있어도 괴롭지 않고, 언제까지나 혼자서 계속 고민하고 일할 수 있습니다. 그것이 오히려 즐겁기도 합니다. 그런데 이런 제가 어째서 회사를 만들고 경영자가 되는 삶을 선택했을까요? 여기에서는 큰 결단이 요구되는 창업과 독립에 대해 이야기해보겠습니다.

제가 회사를 시작하게 된 이유는 두 가지입니다. 저는 대학을 졸업하고 바로 입사한 PR 대리점의 크리에이티브 부서에서 회사생활을 시작했습니다. 근무한 지 1년이 지나, 건축 공부가 하고 싶어진 저는 일하면서 야간 학교에 다녔습니다. 그것이 하나의 큰 전환점이 되었습니다.

디자인의 가치는 광범위한 영역에 활용할 수 있습니다. 하지만 제가 독립에 뜻을 둔 2008년, 디자인은 지금보다 한층 더 분절되어 있었습니다. 디자인 분야에 따라 디자이너도 그래픽 디자이너, 웹 디자이너, 제품 디자이너, 건축가 등으로 나누어진 상태였지요. 그런 환경 속에서 디자인의 가치를 더 높이기 위해 모든 것을 일관되게 디자인하고 싶다는 마음을 가지게 되었습니다. 하지만 대부분의 회사는 분업으로 돌아가고 있었고, 당시 근무하던 회사도 예외는 아니었습니다. 특히 PR 대리점은 클라이언트의 상품이 있어야 성립할 수 있는 회사입니다. 그런 PR 대리점의 젊은 사원이 갑자기 '상품의 컨셉부터 만들어보고 싶습니다. 그 상품을 파는 점포와 브랜드를 위한 광고도 디자인해보고 싶습니다'라고 말해봤자 실현 가능성은 제로였습니다. 그래서 회사를 그만두고 이직하거나 프리랜서로 전향하기로 결심했습니다.

그런 저에게 당시 근무하던 PR 대리점의 사장님은 이렇게 말했습니다. "자네가 원하는 일을 할 수 있는 조직은 지금의 일본에는 아마 없을걸세. 정말로 하고 싶다면 그런 환경을 본인이 책임지고 만들어보면 어떨까?" 그러면서 자신이 출자할 테니 주식회사를 차려보라고 제안하셨습니다. 프리랜서로는 할 수 있는 일에 제한이 있지만, 주식회사 사장이 되면 아무리 큰 회사의 사장이나 어떤 자리의 사람이라도 당당하게 만날 수 있기 때문에 무시당하지 않고 일할 수 있다고 말입니다.

당시 주식회사를 설립하는 데 필요한 자본금은 저에게는 상상할 수 없을 정도의 거금이었습니다. 또 그때는 '사장'이 되고 싶다는 마음은 손톱만큼도 없었고, 회사 경영에도 전혀 관심이 없었습니다. 하지만 그렇다고 무엇을 할지 확실히 결정한 것도 없었습니다. '언젠가는 독립하자' 정도의 장래 계획만 있는 상태였습니다. '지금의 환경을 바꾸자'라는 결심 이외에는 그저 여백뿐이었습니다.

그런 상태에서 들어온 재미있어 보이는 제안이었습니다. 솔직히 가진 자금이 없는데 남의 돈으로 창업에 도전할 수 있는 것도 엄청난 행운이라고 생각했습니다. 그래서 그 자리에서 바로 그러겠다고 대답했습니다. 결과적으로 독립하고 2년 뒤에 주식을 전부 되살 수 있었지만, 당시 사장님에 대한 고마움은 어떤 말로도 표현할 수가 없습니다.

회사를 시작하게 된 또 하나의 이유는 저의 '아름다움'을 대하는 자세와 관련이 있습니다. 저에게는 '아름다움'이 인생을 살아가는 목적 가운데 항상 최상위에 자리합니다. 언제나 아름다움의 본질이란 무엇인지를 생각하고 있습니다. 확실한 것은 혼자서는 찾을 수도 없고, 인생의 전부를 걸어도 결코 그곳에는 도달하지 못한다는 사실입니다. 다만 그곳을 향해 나아가기 위해서는 마음을 공유하는 동료가 필요하고, 도달하지 못하는 아름다움의 본질을 향해 계속 나아가는 인생은 아름답다고 말할 수 있습니다.

그렇기에 타인의 힘, 바꿔 말하면 파티, 마차, 술집이 필요하다는 사실을 깨달은 것은 창업하고 한참 시간이 지난 뒤의 일이었습니다. 하지만 그때 당시 '조직을 만들어보자'라는 직감을 따랐기에 현재의 제가 있을 수 있었습니다.

창업 같은 큰 결단은 모든 것을 확실히 결정하고 준비한 다음이 아니면 불가능하다고 생각하는 사람이 많습니다. 그러나 제가 걸어온 길은 그렇지 않았습니다. 여백 투성이였고, 많은 사람이 힘을 빌려줘서 여기까지 올 수 있었습니다. 모든 게 정해져 있지 않으면 두렵고 불안한 분도 있을지 모릅니다. 그러나 전혀 경험한 적 없는 길이라면, 뛰어들지 않으면 알 수 없는 일도 많습니다. 뛰어들기 전에 정해진 것은 지금까지의 가치관에 입각한 일들의 연장일 뿐입니다. **최고와 최악의 경계선을 정해놓으면 나머지는 여백에 몸을 맡겨도 괜찮습니다.** 그렇게 함으로써 인생의 폭이 넓어집니다.

상대방에게 바통을
넘겨주어야 한다

저는 회사와 팀 혹은 육아에도 '자전^{自轉}'이 중요하다고 믿습니다. **멤버 한 사람 한 사람이 자기 머리로 생각하고 자기 힘으로 엔진을 돌립니다.** 스스로 자신의 엔진을 돌리는 자가 발전 형태. 외부의 도움을 받지 않고 자립할 수 있는 구조를 어떻게 만들지는 모든 조직에서 중요한 문제입니다. 다시 말해 타인이 아니라 자신이 책임지며 일을 하는 것입니다. 앞에서도 말했듯이 누군가의 지시를 따르는 사람은 단순한 오퍼레이터일 뿐입니다. 언젠가는 AI로 대체될 운명이지요.

미래에는 스스로 생각하고 움직일 수 있는 능력이 가장 중요합니다. 그렇기 때문에 더욱 리더와 멤버 모두에게 여백이 필요합니다.

리더의 여백

리더는 멤버에게 어느 정도 재량권을 부여해야 합니다. '어느 정도'라는 개념은 리더가 생각하는 것보다 큽니다. 회사 조직의 경우, 프로젝트의 시작은 권한을 가진 사람이 결정해야 합니다. 이는 리더의 중요한 역할입니다.

하지만 리더가 언제까지나 모든 권한을 쥐고 있어서는 안 됩니다. 같은 방향을 바라보는 멤버가 모이면, 나머지는 가능한 한 그들에게 바통을 넘겨주는 편이 좋습니다. 자기들끼리 달리게 하는 것입니다. '이 사람에게 바통을 넘겨도 괜찮을까?'라는 불안한 마음이 들 수도 있습니다. 그렇기에 대부분의 사람들은 상황을 보면서 조금씩 상대방의 재량이나 책임을 늘리는 방식을 취합니다. 그러나 이런 방법은 오히려 역효과를 초래합니다.

저는 처음부터 신뢰하고, 최대한 바통을 넘겨줍니다. 그렇게 하는 편이 당사자가 더 기뻐하리라고 생각하기 때문입니다. 물론 반대로 심리적 압박을 느낄 수도 있으니 상대방의 성향에 따라 적절한 판단이 필요합니다. 그러나 저는 누가 일을 맡기면 더 불타오르는 타입입니다. 의욕이 넘쳐서 아이디어도 더 많이 나옵니다. 반면에 조금씩 상황을 보면서 시험하는 것은 왠지 신뢰받지 못하는 느낌이라 기분 나쁘지 않나요?

조금 더 경영자답게 표현하면, 조금씩 상황을 보면서

상대를 시험하는 것은 항상 '작은 점수'만 받도록 요구하는 일이라고 생각합니다. 리더의 눈에 만족스럽게 비치는 작은 점수를 계속 받는 일은 자전을 통해 큰 성공을 그리는 일과는 사고방식이 근본적으로 다릅니다.

시험에서 객관식 문제를 풀고 있는데, 갑자기 흰 종이를 건네주며 '생각한 것을 자유롭게 쓰세요'라고 요구하는 상황을 떠올려 보세요. 너무 갑작스러워 마음이 흔들리지 않을까요? 오히려 처음부터 '이 범위 안에서 모든 것을 자유롭게 사용해도 좋습니다'라고 큰 권한을 넘겨받는 편이 마음껏 능력을 발휘할 수 있습니다. **인간이 자신의 틀을 넘어 단숨에 성장하는 것은 완전히 신뢰받을 때입니다.**

저는 2020년 도쿄 올림픽·패럴림픽 조직위원회의 '크리에이티브 어드바이저'에 임명되었습니다. 담당은 시상식이었습니다. 일본을 세계에 어필하는 컨셉을 기획하고, 시상대 디자인과 메달을 운반하는 스태프 의상, 각 행사장을 일관된 이미지로 만들기 위해 시상식 전체의 디자인을 관리·감수하는 역할이었습니다.

그 역할을 부여받고 바로 일본 스포츠청의 무로후시

고지室伏広治 장관에게 인사를 갔습니다. 무로후시 장관의 리더십은 대단했습니다. 지금도 강렬하게 기억하고 있습니다. 저를 보고 상당히 멋진 사람이 왔다고 웃고는 딱 한마디를 건넸습니다. "활약을 기대하겠습니다."

이것이야말로 큰 여백이라고 생각했습니다. 저는 그 순간 완전히 바통을 넘겨받았습니다. '나는 회사의 수장으로서 이와 같이 대처하고 있는가?' 이후 회사 멤버들에게 바통을 넘겨줄 때는 언제나 이때 넘겨받은 바통의 크기와 무게 그리고 두근거림을 떠올립니다.

멤버의 여백

리더에게 받은 여백을 살릴 수 있는 사람은 **여백을 두려워하지 않는 사람입니다.** 다시 말해 자신도 여백을 가지고 있는 사람이라고 할 수 있습니다. 리더로부터 바통을 건네받은 이후에는 정해진 코스가 없습니다. 그저 결승선의 방향만 정해져 있는 경우가 대부분입니다.

자전하는 조직에서 필요한 것은 '결정된 일만 정확하게 하는 사람'도, '누군가의 리더십에 의존하며 편하게 지내는 사람'도 아닙니다. 자신이 조직을 돌아가게 만드는 일원이라는 자각을 가지고 때로는 리더십을 발휘하는 사람. 그런 사람들의 집단이 바로 자전하는 조직이 꿈꾸는 하나의 이상입니다.

하지만 많은 회사의 브랜딩을 돕고 여러 경영자와 이야기를 나누면서 느꼈던 점은 이것이 정말로 어렵다는 사실입니다. 사람에 대한 고민이 없는 회사는 본 적이 없습니다. 그럼에도 여백 속에서 자기 생각을 가지고 프로젝트를 추진할 수 있는, 자전하는 조직이라는 이상을 계속 추구하는 일이 중요합니다.

여백 사고란?

　앞으로 나아갈 힘을 비축하기 위해 의도적으로 여유를 창출하는 것이다. 자신이 해야 할 일은 하고, 필요할 때는 타인의 힘을 빌리는 완급조절이 여유로 이어진다.

　세상은 투자한 시간과 결과의 질이 반드시 비례하지는 않는다. 좋은 결정을 한순간에 내릴 수도 있고, 한 분야의 프로는 단시간에 최고의 결과물을 낼 수도 있다. 중요한 점은 가치 있는 일에 최선을 다해 부딪칠 수 있도록 자기 컨디션을 유지하는 것이다. 그리고 누군가에게 어떤 일을 맡길 때는 어중간한 태도를 버리고 완전히 맡겨야 한다. 발전 가능성은 항상 여백 속에 있다.

지금 당장 가능한 여백 사고

- 필름 카메라로 사진을 찍어본다. 디지털카메라나 스마트폰 카메라의 '몇 장이라도 찍을 수 있다'라는 감각과 차이를 느껴본다.

- 철저하게 준비하고 영감으로 결정한다.

- 회식이나 술자리 등에서 중요한 약속은 하지 않는다.

- 욕조에 잠수하거나 점프를 해본다.

- 모든 일에 '최고'와 '최악'을 상정하고 움직인다.

- 주위 사람에게 과감히 일을 맡긴다. 일단 맡기면 어떤 불필요한 참견도 하지 않는다.

- 모든 일이 '생각대로' 진행되고 있을 때야말로 방법을 재검토해야 한다.

3장

인간관계의 여백

편안하고 즐거운 관계성과

믿고 의지할 수 있는 동료를 만드는 방법

사람과 사람 사이에는
'쾌적한 여백'이 필요하다

'사람들이 하는 고민의 근원에는 대부분 인간관계가 있다'라는 이야기를 들은 적이 있습니다. '예고나 허가 없이 마구 침범해 들어온다', '무신경한 한마디에 상처 입는다', '억압하고 무시한다', '하고 싶지 않은 일을 억지로 시킨다' 등 인간관계 안에는 다양한 스트레스가 존재합니다.

하지만 앞에서 이야기한 것처럼 자기 **혼자서는 만들어낼 수 없는 재미와 감동 역시 사람과 사람 사이의 관계에서 나옵니다. 마찬가지로 혼자서는 만들어낼 수 없는 일도 여러 사람이**

모이면 가능하고요.

자기 안에 여백이 존재하고, 상대방과의 간격 안에 적당한 여백을 만들 수 있다면 인간관계의 고민 대부분은 자연히 사라집니다. 그러므로 다른 무엇보다도 인간관계라는 틀에 좋고 나쁨이라는 이분법적 사고가 아니라 회색지대를 인정하는 여백의 사고방식을 도입할 필요가 있습니다.

반대로 말하면, 사람과 사람이 교제할 때는 아무리 친해도 넘어서는 안 되는 선이 존재합니다. 친한 사이라도 지켜야 하는 예의가 있습니다. 그리고 예의는 여백에서 나옵니다. 즉 여백은 완충지대로서의 가치가 있습니다. 서로가 서로를 받아들일 수 있는 여백이라는 공간이 마련되어 있음에도 이를 뛰어넘어 타인의 코어에 손을 대려고 하는 것은 반칙입니다. 이런 측면에서 인간관계에서의 '여백'에 대해 이야기하고자 합니다.

'친해질 수 없는 사람'의 존재를 인정한다

4~5년에 1명 정도 회사에 방문하지 못하게 하는 사람, 다시 말해 '출입금지'를 시키는 사람이 생깁니다. 이런

말을 하면 놀라는 사람들이 많습니다. 대부분은 저를 너그럽고 상냥한 사람, 누구에게나 관심을 가지고 모두와 격의 없이 어울리는 사람이라고 생각하기 때문입니다. 실제로도 저는 겉과 속이 같고, 기본적으로 사람들을 좋아합니다.

다만 세상에는 타인과의 거리감을 제대로 조절하지 못하는 사람이 있습니다. 무례하게 흙발로 타인의 중요한 부분을 침범하기도 합니다. 이것은 물리적인 거리감뿐만 아니라 정신적 그리고 시간적 압박도 포함됩니다. 그러한 사람을 만나면 저는 가차 없이 쫓아내고 문을 닫습니다. 인내의 한계를 지나 선을 넘어버렸기 때문입니다. 여기서 부터는 멋대로 침범하지 않았으면 하는 선을 자주 넘는 그런 사람에게는 매우 엄격하고 차가운 태도로 변합니다. 그렇다고 상대에게 어떤 불만을 호소하거나 불평하거나 고함치지 않습니다. 그저 조용히 '마침표'를 찍습니다.

1장에서 이야기한 툇마루의 이미지를 떠올려 보세요. 초대받지 않은 손님이 멋대로 집에 찾아옵니다. 툇마루에서 돌아가달라고 부탁했는데도 아랑곳하지 않고 계속 집 안으로 들어옵니다. 심지어 이곳저곳 문을 열어보다가 결국에는 침실까지 함부로 들어옵니다.

'지나치게 가까운 거리감'은

충돌의 원인이다.

침범해 들어오면 도망쳐도 좋다.

그러면 경찰에 신고하고 싶은 마음이 들지 않을까요? 이런 경험을 한다면 다음엔 그 사람을 애초부터 마당에 발도 들여놓지 못하게 하고 싶은 게 당연합니다. '우리 사이에 이 정도쯤이야'라면서 억지로 밀고 들어오는 사람과 타협할 필요는 없습니다.

맞지 않는 사람과는 분명하게 거리를 두어야 합니다. 그렇게 상대방과의 사이에 충분한 여백이 생기면 더 이상 상대방의 행동이 신경 쓰이지 않습니다. 그런 여백을 만드는 방법부터 생각해보면 어떨까요?

앞에서 이야기한 '조용히 마침표를 찍는다'를 일에도 적용해야 할 때가 있습니다. 물론 작은 문제나 방향성의 차이 정도는 이해할 여지가 있습니다. 그러나 상대방이 우리를 꼭두각시처럼 통제하려고 하거나, 정당한 이유 없이 갑자기 논의를 되돌릴 때는 마침표를 찍는 용기가 필요합니다. 처음에는 부드럽게 전달하지만 이조차 무시한다면 어쩔 수 없습니다. 그럴 때는 '투자한 노동과 경비 모두 포기하고 프로젝트에서 나가겠습니다'라고 단호히 말합니다. 상대방은 시키는 대로 따른다고 생각한 대상이 설마 손해를 감수하고 일을 그만둔다고는 예상하지 못했기 때문에 크게 당황합니다. 그래서 갑자기 사과하거나 다른 방안을 제안하기도 하지만, 솔직히 그런 단계에서 개선의 여지는 없습니다. 이미 엎질러진 물입니다. 인간관계도 마찬가지라고 생각합니다. 여백을 뛰어넘어 다가오는 사람이 있는 환경에서는 도망치는 편이 좋습니다. 참지 말고 관계를 끊는 편이 나에게 더 이롭습니다.

도망칠 수 없을 때, 마음을 지키는 방법

어떻게 해도 도망칠 수 없는 때는 어떻게 해야 할까요? 저는 어린 시절부터 지금까지 〈도라에몽〉의 열렬한 팬입니다. 그런데 도라에몽의 비밀 도구 중에 '독재 스위치'라는 것이 있습니다. 스위치를 누르면서 사라지길 바라는 사람의 이름을 소리 내어 말하면, 그 사람이 사회에서 사라집니다. 말 그대로 원래부터 없었던 존재가 되어버립니다. 저 역시 마음속에 그 스위치를 가지고 있습니다.

그 스위치가 나에게 있다고 생각하는 것만으로 마음이 상당히 편안해집니다. '도망치는 힘' 또는 '잘라버리는 힘'이라고 부를 수도 있지 않을까요? 그 힘은 여백 사고의 마지막 카드입니다.

처음부터 동료가
되지 않을 자유

인간관계에서는 사이가 좋아질 것 같지 않은 사람에게 처음부터 접근하지 않는 일도 중요합니다. 요즘은 학부모 사이에서도 월권행위로 고민하는 사람이 많다고 합니다. 보스처럼 행동하는 학부모가 있어서 그 사람의 뜻을 거스를 수 없다고 합니다. 많은 사람이 아이를 생각해서 졸업할 때까지 참고 지냅니다. 그 밖에도 '이웃과 사이가 좋지 않다' '상사와 뜻이 맞지 않는다' '저 사람과 만나면 언제나 험악한 분위기가 된다' 등의 상황이 드물지 않게 발생합니다.

디자인에서도 이런 일이 일어날 확률이 무척 높습니다. 예를 들어, 색상에는 조화롭지 않은 조합이 있습니다. 색의 요소는 명도, 채도, 색상으로 구성되는데 밝기, 선명도, 색감이 제각각인 경우는 색의 불협화음이 발생합니다. 색끼리 서로 부딪쳐 전혀 어울리지 않는 색채 조합이 되어버립니다.

하지만 충돌하는 색 사이에 여백을 마련하면 불협화음이 단번에 안정됩니다. 즉 일직선으로 늘어놓으면 충돌하지만, 그 사이에 중간 영역을 마련하면 아름다운 조화가 탄생합니다.

수조에서 기르는 물고기도 마찬가지입니다. 작은 수조에 많은 물고기를 넣으면 싸움을 시작하지만, 개체 사이에 넓은 공간이 확보되어 물리적 거리가 유지된다면 서로 간섭하지 않습니다. 퍼스널 스페이스의 사고방식과 통하는 현상입니다. 이런 일은 인간관계에서도 일어납니다.

다른 사람과 자꾸 충돌한다면

왠지 다른 사람과 자꾸 충돌한다면 거리감을 잘못 알고 있을 확률이 높습니다. 분명 지나치게 가까운 상태일 겁니다. 물리적·심리적으로 상대방의 영역을 너무 많이 침범했다면 충돌은 피할 수 없습니다. 색감이 다른 두 가지 색을 나란히 늘어놓으면 위화감이 느껴지는 경우와 마찬가지입니다. 어느 한쪽이 나빠서가 아닙니다.

그럴 때는 머릿속에서 충돌하는 존재를 색으로 바꿔 그러데이션을 해보세요. 요령은 무채색을 사이에 끼워 넣는 것입니다. 떠올린 색에서 흰색과 회색으로 그러데이션을 그리고, 이번에는 그 지점에서 또 다른 색을 그려나갑니다. 그렇게 하면 자연스럽게 어울리게 됩니다. 사람과 거리를 둘 때도 이런 이미지를 의식하면 좋습니다.

좀 더 구체적인 예를 들어보겠습니다. 같은 반 학부모 중 불편한 사람이 나와 같은 전철에 탔다면 다른 승객들을 사이에 두고 대각선으로 빠르게 피합니다. 무관한 사람이 끼어들면 서로의 존재를 눈치채지 못할 가능성이 커집니다. 사이에 있는 사람이 자연스럽게 무채색 역할을 해주기 때문입니다. 그리고 최대한 자신의 존재감을 지웁니다. 그쪽을 보지 말고 휴대폰을 하는 척하면 됩니다. 알아차리지 못하면 그걸로 끝입니다. 동료가 될 필요는 없습니다. 만약 상대가 말을 걸어오면, 멀리 떨어진 곳에서 웃으면서 손을 흔들어주면 그만입니다.

물론 아이 관계를 떠나서 친해지고 싶은 상대라면 적극적으로 관여해도 좋습니다. 하지만 애초에 서로 이름을 부르지 않고 '○○엄마(아빠)'라고 부르는 표면적 관계라면, 저는 이 정도로 충분하다고 생각합니다.

거리가 너무 가까워 '꽉 차' 있으면 상당히 괴롭습니다. 음악에서도 쉼표 하나 없이 계속 소리가 이어지면 듣기 고통스럽습니다. 조화에는 적당한 거리, 다시 말해 여백의 존재가 반드시 필요합니다.

좋은 인간관계는
선순환을 낳는다

인간관계는 크게 두 종류로 분류할 수 있습니다. 첫째는 회사 동료처럼 어떤 목적을 달성하고자 함께하는 관계이고, 둘째는 가족과 친한 친구처럼 그 자체가 목적인 관계입니다(하지만 가족이라도 의도나 목적이 생기면 전자가 됩니다).

후자의 경우는 여백 속에서 이루어진다고 할 수 있습니다. 그저 서로의 존재를 인정하고, 함께하는 시간을 즐기면 됩니다. 여기서 이야기하고 싶은 것은 어떤 목적이 있는 경우의 인간관계입니다.

좋은 인간관계는 선순환을 만들어내는 관계입니다. 조금 가벼운 표현이지만 '서로를 끌어들인다'라는 감각과 비슷할지도 모릅니다. 내 말이나 태도에 상대방이 납득하고, 상대도 나를 납득하게 만드는 말과 행동을 합니다. 그렇게 서로 최대한 그 상황을 즐길 수 있는 상태를 만듭니다. 최상의 퍼포먼스가 만들어지는 곳은 언제나 이런 '장소'입니다.

또는 좋은 인간관계란 '서로 상대방을 기쁘게 만드는 것'이라고도 표현할 수 있습니다. 겉치레 인사나 마음에도 없는 말을 하며 치켜세우는 게 아닙니다. 사내 SNS에서 상대방 발언에 '좋아요'를 누르거나, 긍정적인 이모티콘을 다는 정도로 충분합니다.

우리 회사는 사내 커뮤니케이션 툴로 슬랙Slack을 사용하고 있습니다. 슬랙에서는 누군가의 코멘트나 발언에 이모티콘을 입력할 수 있습니다. 저는 정말 좋다고 생각했을 때 이모티콘 연타를 자주 사용합니다. '좋아요'라는 의미의 이모티콘을 다른 종류로 네 번쯤 연달아 보내면, 받는 사람에게 제 마음이 전해진 듯한 느낌이 듭니다. 이모티콘만 보낸다면 시간이 오래 걸리지도 않습니다. 하지만 마음이 전해지고, 좋은 인간관계로 이어질 수 있습니다.

앞에서 이야기한 것처럼 상대방을 서로 끌어들이거나 기쁘게 만드는 관계가 이상적이지만, 쌍방향 관계성이 구축되지 않았다면 우선은 일방통행이라도 괜찮습니다. 상대방을 끌어들일 수 있다면 결과적으로 자신에게도 기쁜 일이 일어납니다. '좋다'라는 느낌이 이어지고 순환됩니다.

그런데 인간관계로 고민하는 사람 중에는 이런 노력이 다른 사람에게 무조건 맞추는 모습으로 비치는 경우도 있습니다. "그렇게 상대에게 자신을 맞추다 보면 피곤하지 않아?"라는 이야기를 들을 때도 있지만, 전혀 그렇지 않습니다. **자신의 코어는 지키면서 여백의 영역에서 받아들이고 있기 때문입니다.**

그러므로 '내가 참아서 상대방을 기쁘게 만들자'라는 생각은 조금도 없습니다. 자신의 여백 안에서 할 수 있는 일을 할 뿐 무리는 하지 않습니다. 무리하고 있는 상태는 오래 지속될 수 없습니다. 팀에서 누군가 희생하거나 언제나 참고 있다면 일은 제대로 진행되지 않습니다.

좋은 일을 하고 나아가 더 나은 사회를 만들고 싶다면, 가장 중요한 점은 관련된 모든 사람이 진심으로 '즐겁다' '재미있다'라고 생각하는 것입니다.

'서로를 곱하며 넓어지는' 인간관계의 재미

오랫동안 한 지역에 살거나 같은 업계 혹은 직장에서 일하고 있다면 점점 만나는 사람들이 고정됩니다. 그러나 고정되기 전에는 서로 다양한 질문을 주고받으며 조금씩 상대의 정보를 얻고, 이를 바탕으로 서로의 공통점을 찾아내기 위해 노력합니다.

그렇게 탐색 중인 관계에서 동질감을 획득했을 때의 기쁨은 큽니다. 하지만 요즘은 SNS의 해시태그로 간단히 공통점을 손에 넣을 수 있습니다. 이런 '빠른 전개'가 얼핏 좋다고 생각하기 쉽지만, 부정적인 면도 있습니다. **바로 상상력이 사라진다는 점입니다.** 해시태그로 인한 분절은 사람들로부터 많은 상상력을 빼앗아, **다른 사람이 들어갈 수 있는 여백의 존재를 없애버린다**는 생각이 듭니다.

전혀 유동성이 없는 환경, 같은 취향을 가진 사람들만 모인 상황에서는 새로운 요소가 탄생하기 어렵습니다. 앞에서 말한 것처럼 타인과의 교류를 통해 예상치 못한 놀라움이나 기쁨을 얻는 일은 기대할 수 없습니다.

최근에는 인터넷 검색엔진과 OTT도 알고리즘으로

표시되고 있습니다. 우리는 중립적인 관점에서 '인기 동영상 콘텐츠'를 보고 '검색 결과'에서 정보를 얻고 있다고 생각합니다. 하지만 우리 앞에 제시되는 것은 '당신은 이것을 좋아하죠?'라고 분석해 추천한 결과입니다. 그러나 그 외에도 자신과는 다른 가치관이 존재한다는 사실을 잊어서는 안 됩니다.

동질성의 함정

모두가 '추천'에 지배당하는 지금, 나와는 전혀 다른 사람은 어떻게 만날 수 있을까요?

우선은 동질성이 높은 집단에 너무 만족하지 말아야 합니다. 물론 같은 환경, 같은 업계, 같은 직장, 같은 팀원에게는 안정감을 느낄 수 있습니다. 말하지 않아도 통하는 동질성이 필요할 때는 이런 이점을 충분히 활용하면 됩니다. 하지만 모처럼 이질적인 대상을 만날 수 있음에도 동질성으로 도망치고 있다면, 다시 생각해볼 필요가 있습니다.

얼마 전, 지인의 결혼식에 참석했습니다. 그때 제가 앉았던 테이블에는 놀랄 만큼 비슷비슷한 사람들이 모여 있었습니다. 그들은 결혼식 내내 일 이야기, 그것도 그들이 속한 업계 이야기밖에 나누지 않았습니다. 제가 디자이너라고 소개하자 자기들 직업에서 가지고 있던 이미지로만 대화를 이어갔습니다. 너무나 편협하고 완고한 가치관을 견디기 힘들어, 중간부터는 계속 테이블 위에 놓인 와인병 라벨만 열심히 읽었습니다. 결혼식이 끝나고 가장 먼저 식장을 떠난 사람은 바로 저였습니다. 어떻게 보면 색다른 경험담일 수 있지만, 당시 매우 불쾌한 느낌을 받은 것도 사실입니다.

하지만 일대일이었다면 새로운 관계성이 생겨났을지도 모릅니다. 동질성이 너무 높아지면 점점 여백이 줄어드는 것은 틀림없는 사실입니다. 그때의 테이블에도 저라는 이질적인 존재에 대한 벽이 만들어져 있었습니다. **동질성이 너무 높으면 다른 존재에 대한 공격성으로 전환될 수 있습니다.**

그렇다면 어떻게 이질적인 사람과 좋은 관계를 쌓을 수 있을까요? 핵심은 서로의 균형을 50대 50으로 만드는 것입니다. 기타리스트 다나카 요시토田中義人 씨와의 만남이 바로 그랬습니다. 다나카 씨는 음악 세계의 주민, 저는 디자인 세계의 주민입니다. 원래는 그렇게 깊이 교제할 계기가 없었지만, 어느 날 처음으로 둘이서만 이야기를 나눌 기회가 생겼습니다. 서로 자유롭게 다양한 이야기를 나누는 동안 여백이 연결되고 있다고 느낀 것은 비단 저만이 아니었습니다.

결과적으로 다나카 씨와 '눈크(NU/NC)'라는 사운드 아트 유닛을 결성하고, 〈어느 풍경의 기억ある風景の記憶〉이라는 제목의 곡을 만들어 발표하기에 이르렀습니다. 서로의 여백을 탐색하다 도착한 장소, 그것은 매우 흥미로운 체험이었습니다.

대등하게 상대를 대하다 보면 상상 이상으로 재미있는 일이 일어납니다. 그렇기 때문에 누군가와 진지한 이야기를 나누거나, 서로의 흥미와 가치관을 알아가는 재미를 느끼고 싶을 때는 둘이서 만나야 합니다. 많아도 3명까지입니다. 물론 사람이 많이 모일 때도 있지만 그런 경우는 목적이 다릅니다. 피상적인 관계성을 즐기면서 재미있고 신나게 놀고 싶을 때입니다.

새로운 발견이나 흥미로운 대상과의 만남은 이질적인 개념 간의 곱셈에서만 태어난다고 생각합니다. 앞에서 예로 들었던 〈드래곤 퀘스트〉처럼 조직을 만들어 꾸려나간다는 이야기도 같은 맥락입니다. 여러 직업이 존재하는 파티가 더 강하고 성과도 크게 올릴 수 있습니다. 〈포켓몬〉도 그렇습니다. '불' 속성 포켓몬으로만 팀을 편성하면, 상성이 안좋은 '물' 속성 포켓몬의 치명적인 공격을 받아 전멸할 수 있습니다.

인간관계도 마찬가지입니다. 동질성에만 의존하다보면 어딘가에서 불화가 싹트고 세계가 점점 좁아집니다. 다양한 가능성은 다른 가치관이나 관점, 다시 말해 다른 여백을 가진 사람과의 만남을 통해 더 넓어집니다.

같은 환경, 같은 산업, 같은 직장 등

동질성이 너무 높으면

'이질성'에 대한 공격이 시작된다.

여백이 없으면
'꼰대'가 된다

앞에서 설명했듯이 동질성은 때로 여백을 좁히고, 외부를 향한 공격성으로도 이어질 수 있습니다. 그것이 일상이 되면 이질적인 대상이나 타인은 무조건 받아들이지 않게 됩니다. 툇마루에 누군가가 놀러 왔을 때 '이제 슬슬 덧문을 닫겠습니다'라고 말하면서 아직 닫지 않아도 되는 덧문을 닫는 일과 비슷합니다. 일부러 쫓아내는 모양새입니다. 이런 행동을 반복하다 보면 아무도 툇마루에 찾아오지 않고, 여백은 그 가치를 잃어버립니다. 문이 점점 닫히면서 결국 고립되어 중간 영역으로서의 여백이 사라집니다.

단적인 예가 바로 '꼰대'입니다. 고집스럽고 남의 말을 안 듣기 때문에 점점 모두가 피하게 됩니다. 다른 가치관을 받아들이는 여백이 완전히 사라진 상태입니다. 그래서 주위 사람들은 '네네, 맞습니다'라는 식으로 당장 그 자리에서만 기분을 맞춰줍니다. 그러면서 서서히 중요한 결정에서 배제되어 갑니다. 인생이 점점 지루해지고 세상이 좁아지니, 결국 곤란한 것은 자신뿐입니다.

문제는 그런 '꼰대'가 은퇴도 하지 않고 '나는 여전히 현역'이라는 마음으로 사회에서 활동하는 경우입니다. 게다가 젊은 세대 중에도 이미 꼰대가 되어버린 사람이 있습니다. 그렇게 되면 같이 일하기가 정말 어려워집니다.

이때 휘말리지 않기 위한 대처법은 5장에서 다루도록 하겠습니다. **사람은 누구나 자신을 지키려고 할 때는 '닫기'부터 생각하기 쉽지만, 여백을 '확장'하는 것이야말로 근본적인 방법입니다.** 동질성으로 굳어지거나 같은 가치관을 가진 동료들끼리만 고립되어 있지 말고, 다른 가치관을 가진 사람들과 교제해야 합니다. 그렇게 하면 여백은 확장됩니다. 주위에 새로운 동료나 도와주는 사람도 늘어나 좋은 인간관계를 쌓을 수 있습니다.

여백이 넓은 선배들은 예외 없이 도량이 커서 다양한 가치관을 받아들입니다. 이런 분들은 아무리 나이가 들어도 은퇴하지 않았으면 좋겠습니다. 저도 이런 사람이 되기 위해 넓은 여백을 만들고자 노력하고 있습니다.

신뢰가
탄생하는 순간

여백은 이른바 '자유재량 지대'입니다. 어떻게 보면 좋아하는 일을 할 수 있는 멋진 장소입니다. 사람들은 모두 자신의 여백 속에서 자유롭게 돌아다니며 발언할 수 있습니다. 그런 두 사람이 만나면 한동안 서로의 여백에 놀러 가거나 동태를 살피고, 때로는 뭔가를 여백에 던져 넣으면서 줄다리기를 시작합니다. 마치 맞은편에서 파도가 밀려와 부딪치는 것과 비슷합니다. 어느 한쪽이 너무 강하면, 약한 쪽은 쓸려가버립니다.

신뢰는 여백이 '잔잔한 상태'가 됐을 때 생겨납니다. 내가 좋아하는 일을 하면서 파도를 보내고, 상대도 마찬가지입니다. 그러다 어느 순간 멋지게 균형이 잡혀 바다가 잔잔해집니다. 어느 쪽도 참는 일이 없고, 둘 다 마음이 편안합니다. 이런 상태가 되면 인간관계가 지극히 편해집니다. 말이 없어도 안정되고 서로를 이해할 수 있는 관계입니다.

'이 사람에게는 무슨 말을 해도 괜찮아'라는 신뢰는 인생에서 큰 가치가 있습니다. 엉뚱한 이야기를 해도 받아주고, 서로가 '어긋나' 있더라도 그조차 허용할 수 있습니다. 이러한 상태는 하루아침에 만들어지는 게 아니라 몇 번이나 줄다리기를 반복한 끝에 완성됩니다. 갑자기 '딱' 맞아떨어지는 일은 적어도 저는 경험하지 못했습니다.

가끔 연예인들이 '만난 지 한 달 만에 결혼합니다!'라고 발표하는 일이 있습니다. 비난할 의도는 전혀 없지만, 이런 결혼은 상당히 험악하게 끝나기도 합니다. 세상은 넓으니 어딘가에는 단기간에 잔잔한 상태에 이르는 인연이 있을 수도 있겠지만, 어쩌면 그것은 진정한 잔잔함이 아니라 폭풍 전야의 고요함인지도 모릅니다.

신뢰 관계는 기술로 만들어낼 수 없습니다. **이상적인 관계는 서로가 멈춰 있는 게 아니라 움직이면서 균형을 유지합니다.** 각자가 자유롭게 자기 여백 속에서 마음껏 움직이고 있습니다. 그렇게 서로 공명하면서 더욱 기분 좋은 공간이 만들어집니다. 누군가와 그런 신뢰 관계를 쌓기 위해서는 여백 속에서 어떻게 움직여야 하는지가 중요합니다.

속내를 감추고 행동하는 '촌탁' 문화

여러분은 혹시 '요즘 만나는 사람들은 모두 나랑 잘 맞는다' '싫은 말을 하는 대신 내 의견에 무조건 고개를 끄덕여준다' '이 사람은 기분이 좋은 말만 해준다'라는 느낌을 받은 적은 없습니까? 또는 직장이나 일상에서 '사실 내 생각과 다르지만 굳이 표명할 필요는 없지'라며 다른 사람에게 그냥 동조하고 있지는 않습니까? 얼핏 매우 친절하고 편안한 세계관처럼 보이지만, 무조건 기뻐할 수만은 없습니다.

왜냐하면 그러한 촌탁忖度(일본어로 '손타쿠そんたく'. 윗사람의 의중을 헤아려 행동함을 뜻한다)은 뭔가 새로운 것을 만들거나, 부가가치를 높이거나, 깊은 관계를 쌓는 데는 부정적인 영향만 주기 때문입니다. 그럼에도 여러 상황에서 촌탁이 사라지지 않는 이유는 '일을 하려면 어쩔 수 없다' '대립하면 결국 내가 손해를 볼 뿐이다'라는 포기의 마음이 강하기 때문이라고 생각합니다.

앞에서 예로 든 신뢰 관계의 파도와 비교했을 때, 언뜻 보기에는 잔잔할지 모릅니다. 하지만 그것은 서로 맞서고 있는 파도가 동조해서 잔잔해진 상태가 아닙니다. 촌탁하고 있는 사람이 자신의 파도를 숨기고 상대에게 맞춤으로써 그렇게 보일 뿐입니다. 원래 공동 작업이어야 하는 장소를 한쪽이 몰래 포기해버린 경우입니다. 상대방을 받아들이고 있는 것처럼 보이지만, 실은 상대에게 아부하는 상태라고 할 수 있습니다.

최근 화제가 된 SNS 가운데 '비리얼BeReal'이라는 앱이 있습니다. 이 앱에 등록하면 하루에 한 번 무작위로 사용자에게 푸시 알림이 전송됩니다. 사용자는 알림을 받고 2분 안에 '지금의 자신'을 촬영해서 업로드해야 합니다. 촬영은 전면 카메라와 후면 카메라에서 동시에 이루어지고 가공은 할 수 없으며, 그 자리에서 바로 업로드됩니다. 다시 말해 '허세'를 부릴 수 없는 SNS입니다. 멋진 척할 시간적 여유가 없어서 꾸미지 않은 그대로의 모습, 그야말로 '리얼'한 모습이 공유됩니다.

이런 SNS가 Z세대를 중심으로 전 세계에서 유행하는 것은 모두가 슬슬 허세에 피곤함을 느끼고 자연스러운 관계로 회귀하려는 움직임처럼 보입니다. 다시 커뮤니케이션에 '반동'이라고도 부를 수 있는 현상이 일어나기 시작한 듯합니다.

여기에도 촌탁을 그만둘 수 있는 힌트가 숨어 있습니다. 이 SNS가 보여주는 모습은 확실히 '리얼'하지만, 이것은 서로가 '여기서는 리얼하게 가자'라고 약속했기 때문에 성립합니다. 꾸미지 않은 그대로의 자신을 서로 보여주고 지키자고 약속한 완충지대입니다. 이와 같은 물리적·정신적 완충지대가 우리에게 필요합니다. 그곳에서의 커뮤니케이션은 일단 서로 받아들일 수 있습니다.

자신이 촌탁하는 입장이라면, 갑자기 완충지대를 만드는 일이 어렵게 느껴질지도 모릅니다. 그렇다면 조금씩이라도 파도를 되받아치면서 신뢰 관계를 쌓아갑시다. 그러다 보면 촌탁 없이 창의적으로 커뮤니케이션할 수 있는 장소가 만들어집니다.

반대로 자신이 촌탁의 대상이라면(본인이 촌탁의 대상이라고 알아차리지 못하는 경우가 많지만 한번 의심해봅시다), 우선은 상대방을 받아들입시다. 상대방의 의견을 이끌어내는 일부터 시작하면 됩니다. 계속 귀를 기울이다 보면 마침내 촌탁에서 벗어날 수 있습니다. **완충지대로서 그리고 새로운 재미를 만들어내는 장소로서 여백의 가치**를 다시 검토해야 할 타이밍이라고 생각합니다.

인간관계가
잘 풀리는 법칙

인간관계는 자연스럽게 내버려 둔다고 잘 풀리지 않습니다. 극히 드문 예로 '첫눈에 알아보았다' '바로 결혼하자'라는 경우도 있지만, 대부분은 어느 정도 시간을 들여서 서로 알아가야 합니다. 첫 대면에서 서로에 관한 지식도 공통의 경험도 없이 자기만 내세워서 잘 풀리는 경우는 거의 없습니다. 조금씩 서로를 내보이고, 탐색하며 점점 거리를 좁혀야 합니다. 그 기간에는 상대방에 대한 배려가 필수입니다.

결과적으로 서로 친구가 되거나, 가끔 만나고 싶은 사람으로 남습니다. 또 운이 좋으면 '함께 있을 때 아무것도 신경 쓰이지 않을 정도로 마음이 맞는' 관계가 되기도 합니다. 다가가는 과정에서 중요한 점은 대화에 '옳다'라는 개념을 가져오지 않는 것입니다. 누군가의 이야기를 '옳다' 또는 '그르다'로 판단하는 일은 진지한 논의가 아닌 한, 보통의 인간관계에서는 필요 없습니다.

그렇다면 어떤 관점이 중요할까요? 그중 하나는 '재미'입니다. 여기에서도 재미있거나 재미없다는 식의 이분법적 사고로 가지 않도록 조심해야 합니다. 인간관계는 '상대방에게 관심을 가지고, 무엇이든 재미를 느낀다'라는 한마디로 정리할 수 있습니다.

자신의 인터뷰나 대담 또는 대화가 글로 옮겨진 경험이 있는 사람이라면 다음 이야기에 공감할 것입니다. 화기애애했던 대화를 문자로 옮기면 상당히 지리멸렬해지는 경우가 많습니다. 생각보다 이야기가 이어지지 않거나 앞뒤가 잘 맞지 않습니다. 그래도 참가자들은 '즐거웠다' '재미있었다'라는 생각을 공유하고 있습니다.

여기에서 인간관계 그리고 커뮤니케이션은 순수하게 언어로만 이루어지지 않는다는 사실을 잘 알 수 있습니다. 그 자리의 분위기와 표정, 목소리 톤과 웃음소리까지 포함해서 성립합니다. 좋은 인간관계를 위해서는 각자가 '상대방에게서 재미를 느낄' 수 있는 여유, 다시 말해 여백을 가지고 있어야 합니다.

"상대방에게 관심을 가지고,

재미를 느끼자."

인간관계가 잘 풀리는

간단한 법칙.

타인을 완벽히 이해하는 일은 불가능하다

디자인 일을 하다 보면 여백에 대해 생각할 기회가 굉장히 많습니다. 작품에서는 여백이 제대로 디자인되어 있는지가 매우 중요하기 때문입니다. 여백은 전체 디자인에서 꼭 필요한 부분입니다.

여백에 대한 감각은 국가에 따라서도 차이가 납니다. 미피를 창조한 일러스트레이터 딕 브루너^{Dick Bruna}의 나라 네덜란드와 하세가와 도하쿠^{長谷川等伯}라는 훌륭한 화가를 보유한 일본은 여백을 소중하게 여기는 문화입니다. 하지만 중국은 그렇지 않습니다. 중국에서는 대칭으로 빈틈없이 채우는 것을 하나의 아름다움으로 여깁니다. 만다라를 떠올리면 쉽게 이해할 수 있습니다. 원래 일본인은 여백에 가치를 부여하고 아름다움을 느끼는 게 특기였지만, 왠지 요즘은 그 특기를 잊어버린 듯합니다.

일본어 또한, 여백의 커뮤니케이션이 발달한 언어입니다. 추상 표현이 많고, 형용사나 부사도 많습니다. 애매한 표현이 발달했고, 무언가를 거절할 때도 명확한 표현을 사용하는 경우가 거의 없습니다. 이렇게 아름답고 애매하게 표현할 수 있는 언어로 '명확하고' '확실한' 커뮤니케이션을 추구하고, 상대방을 전부 이해하려고 하기 때문에 무리가 생기는 게 아닐까요?

또한 일본은 예로부터 집단으로 협력하여 농작물과 고기를 얻는 마을 문화가 발달했습니다. 마을 생활에서는 서로의 의견이나 감정을 어느 정도 애매하게 남겨두지 않으면 조화를 이룰 수 없습니다. 확실한 의견을 말하면 자칫 싸움의 원인이 되기 때문입니다. 그래서 마음속으로 어떻게 생각하든 겉으로는 애매한 상태에서 성립하는 상호 이해를 존중하면서 오랫동안 잘 지내왔습니다. 이웃이니까 '적당히 잘 지냅시다'라는 마음으로 마을 사회가 성립해왔습니다. 그리고 지역 축제와 동네 행사 등을 통해 공감할 수 있는 요소를 만들어 관계성을 유지했습니다. 원래 인간관계란 그 정도로 충분합니다. 그런데 '100% 서로를 알고 싶다'라는 상황이 되어버린 탓에 매우 혼란스러워 보입니다.

애초에 타인을 완벽하게 이해하기란 불가능하며, 그럴 필요도 없습니다. 그저 어떤 상황에서 '가장 좋은 결론을 찾아보자'라는 정도의 마음이면 충분합니다. 그런데 이것을 받아들이지 못하게 되면서 절망감이 짙어지고 있는 듯합니다.

SOLO SHOW

SEITARO YAMAZAKI
TIME SPILLED OVER

BlueLine Arts
405 Vernon Street, Suite #100, Roseville, CA 95678
(916) 783-4117

May 27 – July 8th, 2023
BlueLine Arts

OPENING RECEPTION
May 27, 2023 from 4 - 8pm

blue line arts

여백은 전체 디자인을 좌우하는 중요한 부분이다

여백 사고란?

　타인과의 관계에서 서로가 자유롭고 지나치게 간섭하지 않는 완충지대를 만드는 것이다. '이 범위 안에서라면 무엇을 해도 좋다'라는, 말로 표현할 수 없는 감각을 공유하는 공간이다.

　'이 범위 안에서라면 무엇을 해도 좋다'라는 여백은 신뢰 관계의 표현이기도 하다. 이런 관계는 하루아침에 형성되지 않으며 서로의 배려 없이는 불가능하다.

　사람과 사람의 관계인 이상, 어쩔 수 없이 맞지 않는 사람이 존재한다. 그럴 때 자기 자신을 지키는 도구로서 여백은 강력한 무기가 된다.

지금 당장 가능한 여백 사고

○ 이 사람과는 도저히 맞지 않는다고 생각되면 조용히 마침표를 찍는다. 어른이라면 의외로 어떤 관계든 조용히 마침표를 찍는 일이 가능하다.

○ 그럼에도 도저히 끝낼 수 없는 관계라면 마음속에 '독재 스위치'를 갖자. 마음가짐이 바뀌면 부담도 줄어든다.

○ '친해지면 좋다' '친구가 많으면 좋다'라는 말이 꼭 정답은 아니다. 고정관념을 버리자.

○ '모든 사람이 친절하다' '뭐든지 내 생각대로 된다'라는 것은 어쩌면 모두가 포기했을 뿐일지도 모른다. 그런 상태 자체를 의심하자.

○ 옳고 그름이 기준이 되면 불편해진다. 재미가 있는지 없는지로만 판단하면 창의성을 잃어버린다. 중요한 것은 '어떻게 상대방이 재미를 느끼게 할까'라는 관점이다.

4장

커뮤니케이션의 여백

다양한 사람들과 원활하게 소통하는 방법

여백 사고와
커뮤니케이션

여러 업계나 서로 다른 이해관계를 가진 사람들이 한 자리에 모이는 프로젝트에서는 잘못된 커뮤니케이션으로 일이 잘 진행되지 않는 경우가 많습니다. 그럴 때는 중간에서 소통을 조율하는 역할이 필요합니다. 저 역시 디자이너나 아티스트, 장인과의 커뮤니케이션에서 중간 다리 역할을 기대받는 경우가 많습니다.

실제로 경영자나 관공서 분들과 디자이너, 아티스트, 장인 사이의 미스커뮤니케이션^{Miscommunication} 즉 의사소통

오류는 실패의 큰 원인입니다. 공동으로 진행하는 프로젝트에서 디자이너, 아티스트, 장인은 '실제 형태로 표현하는' 역할을 담당하기 때문입니다. 아무리 면밀하게 계획을 세워서 프로젝트를 진행해도 마지막에 형상화하는 사람들과 뜻이 맞지 않으면 절대로 좋은 결과를 얻을 수 없습니다.

또한 다양한 회사나 단체에 소속된 사람들이 모인 프로젝트의 경우, 얻고자 하는 이익이 각기 다를 수 있습니다. 어떤 회사는 정보 가치, 어떤 회사는 미래의 지속적인 이익을 원합니다. 이렇게 각자의 목표가 조금씩 어긋나면 프로젝트는 순조롭게 진행되지 않습니다. 여기에도 이해관계에 뿌리를 둔 미스커뮤니케이션이 발생합니다.

커뮤니케이션에서도 '여백'의 사고방식은 매우 중요합니다. 오히려 여백의 존재를 인정하지 않으면 커뮤니케이션은 절대로 순조롭게 진행되지 않습니다. 제가 커뮤니케이션의 다리 역할을 자주 요청받는 이유도 여백을 가진 상태로 소통하기 때문입니다.

이번 장에서는 특히 자신과 다른 입장이나 환경, 사고방식을 가진 사람과의 커뮤니케이션을 중심으로 여백에 대해 이야기하고자 합니다.

커뮤니케이션은 실패해도 괜찮다

디자인 업무는 사실 커뮤니케이션이 대부분을 차지합니다. 이렇게 말하면 조금 의외라고 생각하실 수도 있겠네요. 처음부터 독자적으로 무언가를 만드는 경우를 제외하면, 대부분의 디자인 업무는 '만들고 싶은 무언가가 있는 사람'으로부터 의뢰를 받습니다. 물건, 공간, 포스터, 웹사이트, 브랜드 등 그 종류는 다양합니다.

당연히 처음 의뢰받았을 때는 아직 명확한 형태가 없습니다. '이런 것을 만들고 싶다'라는 막연한 이미지는 존재하지만, 디테일은 아직 언어화되지 않은 경우가 대부분입니다. 그런 사람의 '생각'을 이어받아 애매한 이미지에 윤곽을 부여하고 조금씩 형태를 잡습니다. 이러한 디자인 과정은 상대방과의 커뮤니케이션을 통해서 진행할 수밖에 없습니다. 그렇게 만든 결과물에 상대방이 고개를 갸웃거린다면 대개는 커뮤니케이션에 문제가 있었기 때문입니다. 그래서 디자이너들은 어떻게 하면 더 나은 커뮤니케이션을 할 수 있을지 밤낮으로 고민합니다.

또한 디자이너로서 새로운 제품, 개념, 서비스를 사회에 확산하는 도전에 참여할 때가 있습니다. 이것 역시 커뮤니케이션입니다. '어떻게 하면 알아줄까?' '마음에 들까?' '상대방이 말한 의도는 무엇일까?', '어떤 표현이나 비주얼이 좋을까?' '왜 이런 내용은 제대로 전달되지 않았을까?' 뛰어난 디자이너는 매일 이런 고민을 하고 있기 때문에, 대부분 커뮤니케이션의 명수입니다.

하지만 **커뮤니케이션으로 일의 성공이 좌우되는 것은 디자인 업무만이 아닙니다.** '사람과 사람이 어울려 서로의 능력을 곱하며 넓어진 여백에서 성과를 만들어낸다'를 목표로 한다면, 어떤 경우라도 커뮤니케이션은 대단히 중요합니다. 또한 경영에서도, '아트 씽킹'과 '디자인 씽킹'이라는 측면에서도 **타인을 어떻게 대하는지가 성공의 열쇠가 됩니다.**

커뮤니케이션의 장점은 **횟수 제한 없이 주고받을 수 있는 랠리**라는 점입니다. 제가 상대에게 공을 던지는 게 끝이 아닙니다. 제가 이상한 공을 던지면 상대에게서도 이상한 공이 돌아옵니다. 따라서 '이상하다'라는 생각이 들면 다음에는 던지는 방법을 바꾸면 됩니다. 그러면 상대방도 그에 맞게 공을 돌려줍니다. 그런 의미에서 커뮤니케이션에는 실패가 존재하지 않습니다. 시간제한이 엄격한 경우를 제외하고, 커뮤니케이션의 기본은 '가벼운 마음으로 시도' 해보는 것입니다.

'서로의 코어에 어떻게 다리를 놓을 것인가'가
커뮤니케이션의 전제가 된다.
여백의 존재를 인정하면 비로소
필요한 다리의 모습이 보이기 시작한다.

'머릿속 지도'를 서로 조율하기

여자에게 잘 보이고 싶어서 이런 말을 하는 남자가 있습니다. "나는 명문대를 졸업한 부자야. 고급 레스토랑에서 좋아하는 음식을 사줄게." 딴에는 '그러니까 당신을 행복하게 해줄 수 있어'라는 최대한의 자기 PR이지만, 정작 상대에게는 전혀 와닿지 않습니다. 이런 경우는 흔히 볼 수 있습니다. 그리고 이 정보는 상대방에게 전해지는 동안 점점 변질됩니다. '부자인 것 같지만, 조금 잘난 척하는 느낌이야' '좋은 사람처럼 보였는데 자기 자랑이 많아'라고 말이지요.

이런 일이 일어나는 이유는 사람마다 가치관이 다르고, 와닿는 말이나 해석도 전혀 다르기 때문입니다. 한마디로 이 남자를 '부자에 머리도 좋고 매너도 최고야!'라고 느끼는 사람이 있는가 하면, '밉살스럽고 잘난 척하는 남자네'라고 생각하는 사람도 있습니다. 사람들의 머릿속에 있는 판단 기준은 그야말로 각양각색입니다.

이는 사람마다 '머릿속에 존재하는 지도, 사용하는 지도'가 다르기 때문입니다. 세계지도를 펼치고 있는 사람에게 도쿄의 작은 동네를 아무리 열심히 설명해도 상대방은 이해할 수 없습니다. 반대의 경우도 마찬가지입니다. 서로의 말이 전혀 전달되지 않는 상황이 벌어집니다. 이것은 어쩔 수 없는 일입니다. 상대방의 지도를 자신과 같은 지도로 바꿀 수는 없습니다. 그저 서로 다른 2개의 지도를 앞으로 어떻게 조율할지 고민하는 일만 가능할 뿐입니다. 예를 들어 '같은 축척으로 조절해보자' '재난 안전 지도를 사용하자' 등의 공통항을 만들어 다른 축으로 새롭게 연결하는 작업이 필요합니다. 이런 일은 커뮤니케이션에 있어 매우 중요합니다.

사람은 이야기가 전혀 통하지 않는 상대방을 만나면 자기도 모르게 '이해가 안 된다' '그 사람은 나와 다르다'라고 생각해버립니다. 그러나 학생과 직장인, 상사와 부하직원, 남편과 아내, 어른과 아이가 좀처럼 서로를 이해하지 못하는 이유는 가지고 있는 지도가 다르기 때문입니다. 그래서 가장 먼저 상대방의 지도에서 공통점을 찾아내야 합니다. 그리고 이를 바탕으로 서로가 납득할 수 있는 무언가를 함께 구축하는 작업이 필요합니다. 이때 큰 도움이 되는 것이 모두를 일단 받아들일 수 있는 여백이라는 공간입니다.

커뮤니케이션이란
'서로의 지도에서 공통점을 찾아내는 일'이다.
여백이 없으면 자신의 지도를
서로에게 강요하게 된다.

같은 이야기도 듣는 사람에 따라 달라진다

누군가와 이야기할 때 중요한 점은 단 한 가지입니다. **상대방의 이야기를 전부 받아들이는 '여백'을 준비하는 것**입니다. 이제 '여백'과 '코어(자신이 양보할 수 없는 소중한 부분)'를 헷갈리는 분은 없을 테지요. 이때도 중요한 것은 받아들이는 장소가 여백이라는 점입니다. 결코 코어로 받아들여서는 안 됩니다.

상대방의 이야기를 전부 여백으로 받아들인다는 말은, 상대방의 모든 것에 자발적으로 관심을 갖는다는 뜻입니다. '이 사람은 이런 식으로 생각하는군' '이걸 좋아하는구나' '이런 일에 화를 내네' '이런 일을 재미있어하네' 등 하나하나를 부드럽게 여백으로 받아들입니다.

이와는 반대로 누군가의 이야기에 일일이 트집을 잡는 사람들이 있습니다. 누가 어떤 말을 해도 무시하거나 부정하면서 자기가 하고 싶은 말만 합니다. 그런 사람들은 종종 '이봐, 내 말 제대로 듣고 있던 거 맞아?'라고 묻고 싶어지는 황당한 반응을 합니다.

커뮤니케이션의 기본 구조는 쌍방향입니다. 다시 말

해 '오고 가야' 합니다. 누군가 제시한 의견이나 정보를 일단 이쪽의 어딘가에 넣어둘 필요가 있습니다. 이렇게 들어온 말에 반응해 다른 문이 열리면, 이제 새로운 이야기가 상대방을 향해 출발합니다. 상대도 다시 그것을 받아들입니다. 이런 전개가 이상적인 커뮤니케이션 형태입니다. 그리고 이를 가능하게 만드는 것은 서로가 가지고 있는 여백입니다.

예를 들어 '주제에서 조금 벗어나는 이야기지만' '여담이지만' '지금 갑자기 생각났는데'라는 말을 부담 없이 꺼낼 수 있는 대화에는 여백이 존재합니다. 처음부터 목표를 정하고 최단 거리로 그곳을 향하는 길을 걷기보다, 그때그때의 생각과 느낌을 서로 솔직하게 표현하면서 '공감'을 쌓는 과정이 결국은 좋은 결과를 낳습니다.

직업 특성상 저는 인터뷰 요청을 종종 받습니다. 그런데 어떤 기자는 미리 준비된 질문 항목을 그저 순서대로 진행하기만 합니다. 제가 조금 벗어난 대답을 해도 아무런 반응 없이 "그럼, 다음 질문입니다"라고 넘어갑니다. 그런 상황에서는 좀처럼 공감대가 형성되지 않습니다. 완성된 인터뷰 기사도 흔해 빠진 이야기 일색입니다.

그보다는 제가 조금 길에서 벗어났을 때 "그거 재미있네요!" "네? 그건 무슨 이야기인가요?"라고 관심을 보이면서 재미있게 받아주는 쪽이 훨씬 분위기가 살아납니다. 저도 '오늘은 좋은 취재였다'라고 느끼고, 상대도 그러리라 생각합니다. 비록 탈선한 부분을 예정된 기사에 사용할 수 없어도, 짧은 시간이나마 서로를 알 수 있었다는 기쁨을 공유하는 편이 훨씬 가치 있는 일이라고 확신합니다.

'듣는 힘'의
전제 조건

다른 사람의 이야기를 재미있게 듣거나 주제에서 벗어나는 상황을 즐길 수 있으려면 듣는 사람에게도 나름의 역량이 필요합니다. 즉, 여백을 가져야 합니다. 그렇다면 여백을 비롯해, 이야기를 듣는 역량은 어떻게 만들고 단련할 수 있을까요?

'듣는 힘'이라는 주제는 이미 비즈니스 분야에서도 주목해 여러 베스트셀러가 나와 있습니다. 그만큼 많은 사람이 '듣는 힘'의 중요성을 인식하고 배우고 싶어 합니다. 제가 생각하는 '듣는 힘'의 필수 요소는 매우 간단합니다. **모든 말에 관심을 가질 것. 단지 그뿐입니다.**

아직 말을 잘 못하는 두 살배기 아이라도 열심히 몸짓이나 표정을 사용해서 무언가를 전하려고 합니다. 무슨 말을 하고 싶은지 전혀 종잡을 수 없을 때도 많습니다. 유일하게 알 수 있는 점은 '무언가를 전하고 싶어 한다'라는 사실입니다. 사람들은 어린아이의 그런 마음에 답해주고자 '그렇네' '그렇구나'라고 일단 끄덕이며 들어줍니다.

어른들 사이의 커뮤니케이션에서도 기본자세는 동일

합니다. 상대방은 무언가를 전하고 싶어서 이야기를 합니다. 그렇기 때문에 그 내용이 나와는 별로 관련이 없거나 때로는 지루하더라도 **'전하고 싶다'라는 마음마저 부정해서는 안 됩니다.**

상대방의 '전하고 싶은 마음'을 일단 받아들이는 자세가 중요합니다. 만약 그 일이 매우 고통스럽게 느껴진다면 원인은 여백이 부족하기 때문입니다. 여백이 작아서 다 들어가지 못하기 때문에 상대방의 이야기와 결론을 자기 멋대로 정해버립니다. 그래서 탈선을 시간 낭비로만 생각하고, '빨리 원래 주제로 돌아왔으면' 하고 짜증을 내지요.

영화나 소설을 볼 때 사람들은 으레 결말을 예상해보곤 합니다. '마지막은 그렇게 될 거라고 처음부터 생각했어' '도중에 저 남자가 범인이라고 눈치챘어'라고 흔히 이야기하죠. 즐기는 방법은 사람마다 제각각이고, 이를 부정할 생각은 없습니다. 하지만 저는 '조금 더 그 순간을 즐기면 좋을 텐데'라는 아쉬움이 듭니다. 앞으로 어떻게 될지 예측하고 '맞다, 틀리다'만 신경 쓰는 대신, 눈앞의 '흔들림'에 몸을 맡기고 '앞으로 어떻게 전개될지 모르는' 상태를 마음껏 즐겨보는 건 어떨까요?

우선은 상대방의 '전하고 싶은 마음'을

긍정적으로 받아들이자.

그것만으로도 커뮤니케이션은 성립된다.

경청의 기술

"전혀 관심 없는 이야기를 하면 어떤 표정을 해야 할지 모르겠어."

"이야기가 길어지면 나도 모르게 짜증이 나. 결론부터 말해주면 좋겠어."

요즘 이런 말을 자주 듣습니다. 이런 경우는 비즈니스 현장에서도 의외로 많습니다. 그럴 때 듣는 힘을 발휘할 수 있는 간단한 방법이 두 가지 있습니다.

첫 번째는 '**고개 끄덕이기**'입니다. 이때 맞장구로 호응해주면 훨씬 효과적입니다. 이런저런 생각할 필요 없이 '그렇군요'라고 말하면서 끄덕이기만 해도 충분합니다. 저도 프레젠테이션이나 비즈니스 토크 현장에서는 다음에 말할 내용을 머릿속에서 정리하느라 상대방의 이야기를 제대로 듣지 않고 '그렇군요'라고 끄덕일 때가 있습니다. 상대방을 무시해서 적당히 상대하는 게 아닙니다. 상대방을 소중하게 생각하기 때문에 공감을 표현하는 작은 기술을 사용한 것입니다.

두 번째는 모든 이야기에 이렇게 말해보는 것입니다. **"그거 재미있네요!"**

듣기 좋은 말로 상대방을 기분 좋게 만들고 싶어서가 아닙니다. '재미있네요'라고 말한 순간, 우리의 뇌가 '재미있는 이유'를 찾기 시작합니다. 사고가 강제적으로 재미있는 부분을 탐색하는 모드로 전환됩니다. '진짜야?'라고 의심하는 분도 있을지 모르지만, 한번 시도해보면 그 효과에 놀랄 것입니다.

커뮤니케이션의 요령으로 자주 언급되는 '결론부터 이야기하기'라는 기술이 있습니다. 하지만 저는 일상생활에서도 그렇게 말하는 사람을 보면 아깝다는 생각이 듭니다. 비즈니스 현장에서는 효율을 추구하다 보면 결론부터 이야기하는 편이 더 나을 때가 있습니다. 실제로 저도 보고하는 자리에서 결론 없는 이야기가 길어지면 짜증이 나기도 합니다.

하지만 일상의 대화는 차원이 다릅니다. 결론에 도달할 때까지 상대방과 모험을 함께할 가치가 있다고 생각합니다. **'결론부터 말하지 않으면 이야기를 듣지 않는다'라는 사람도 내면에 여백이 없기 때문**입니다. 여러분도 짜증이 날 때가 많다면, '혹시 내가 여백이 부족한 것은 아닐까?'라고 되돌아보는 시간을 가져보길 바랍니다.

'말한 것'과 '들은 것'은
일치하지 않는다

커뮤니케이션의 기본 전제에서 가장 중요한 점은 **'자
신이 말한 것'과 '상대방이 들은 것'은 일치하지 않는다**는 것입
니다. 서로 다른 사람들이 언어를 통해서 상대방을 100%
이해하는 일은 불가능에 가깝습니다. '일치'를 전제로 삼
으면 힘들어집니다. 자신이 이야기한 것과 상대방이 받
아들인 것은 기본적으로 '어긋나' 있음을 인정하는 일에
서부터 시작하는 것이 현명합니다. 언어만으로는 서로를
100% 이해할 수 없다면, 대체 어떻게 해야 할까요? 서로
를 완전히 이해할 수 없다는 사실을 알고 있어도 어떻게든
마음을 전하고 싶은 것이 인간입니다.

음악 세계에 존재하는 '도형 악보'를 알고 계십니까?
'악보'라고 하면 모두가 오선 악보를 떠올릴 것입니다. 오
선 악보의 발명은 음악 재현성의 폭을 넓혀주었습니다. 오
선지에 기록된 악보가 존재하기 때문에 언제 어디서 누가
연주해도 같은 소리와 리듬으로 연주할 수 있습니다. 오선
지에 기록된 악보는 말하자면 음악의 '형태'를 전해주는

존재입니다.

　한편 오선 악보와 다른 음악을 추구하는 도형 악보는 음악에 우발성을 도입하고 있습니다. 여기서 우발성의 기반은 사람의 '마음'입니다. 소리를 정확하게 재현하기보다는 도형 악보에서 받은 영감, 다시 말해 도형 악보를 봤을 때의 기분을 우선시합니다. 도형 악보에 기록되는 것은 도형, 문자, 기호, 그림 그리고 감정입니다.

　예를 들어 50년 전 독일에서 기록된 도형 악보가 있다면, 그것을 본 현대인은 그 도형 악보에서 영감을 받아 음악을 연주합니다. 당연히 원곡과는 전혀 다른 곡이 됩니다. 시대와 사회, 연주하는 사람이나 장소에 따라 음악을 받아들이는 방법은 당연히 다르기에, 음악에도 즉흥성을 도입할 수 있다는 사고방식이 바탕에 깔려 있습니다. '음악이란 정확한 재현인가 아니면 사람의 마음을 움직이는 것인가'에 관한 질문이기도 합니다.

　저는 도형 악보라는 개념을 대단히 좋아해서 커뮤니케이션을 생각할 때 종종 떠올리곤 합니다. 전하고 싶은 내용이 정확하게 재현되지 않아도 상대방에게 '뭔가 좋은 느낌이었어~'라는 막연한 기쁨의 감정이 생긴다면 대단히 훌륭한 커뮤니케이션이라 할 수 있습니다.

저는 지금 일부러 '뭔가 좋은 느낌이었어~'라고 말꼬리를 늘였습니다. 일상적인 대화에서도 저는 이런 '말꼬리 늘리기'를 상당히 자주 사용합니다. 그렇게 하면 '쉽게 단정 짓지 않는다' '아직 결정한 게 아니다'라는 마음을 잘 표현할 수 있기 때문입니다. 말꼬리 늘리기는 여백의 표현이라고도 할 수 있습니다. 앞에서도 이야기했듯이 캐치볼처럼 던진 공이 그대로 상대방에게 도달하는 일은 언어의 커뮤니케이션에서는 일어나지 않습니다. 하지만 포기하기보다 원래 그렇다고 이해하는 것이 중요합니다. 커뮤니케이션에서 타인과의 교환은 항상 애매한 무언가를 상대방에게 던짐으로써 이루어집니다.

그런데 많은 사람이 어째서인지 '완벽한 커뮤니케이션'의 존재를 믿고 있습니다. 그것이 정답이고 목표로 삼아야 할 도달점이라고 여깁니다. 그래서 많은 오해가 발생하고 있습니다. '믿었는데 배신당했다' '이런 사람인 줄 몰랐다'라며 실망합니다. 이러한 갈등의 원인은 완벽한 커뮤니케이션, 완벽한 상호 이해가 존재한다는 전제 때문입니다. 사실은 그렇지 않습니다. **다른 사람에 대해서는 완벽하게 알 수 없다는 사실을 인정합시다.** 그리고 왠지 모르게 생기는 감정, 즉 '느낌이 좋다' '어쩐지 호감이 간다' 정도의 마음

커뮤니케이션에도, 상호 이해에도

'완벽'은 존재하지 않는다.

그래서 랠리가 중요하다.

을 토대로 사람을 대합시다. 우리가 추구해야 하는 방향은 이런 상태가 아닐까요?

말로는 전부 전할 수 없을 때

디자이너로서 브랜드를 만드는 일에 종사하면서 지금까지 몇 번이나 클라이언트 기업에 이렇게 말했습니다. "하고 싶은 말이 많아도, 전부 전할 수는 없습니다." 그러면 이런 질문을 받습니다. "그렇다면 전할 수 있는 것은 무엇이죠?"

제 대답은 '분위기'입니다. 그래서 디자인이든 캐치프레이즈이든 브랜딩 작업을 시작할 때는 반드시 먼저 이렇게 이야기합니다. **"어떤 분위기를 만들지 함께 논의합시다."**

조금 더 구체적인 예를 들어보겠습니다. 아이폰을 들고 거리에 나가서 "애플은 어떤 이미지입니까?"라고 물어본다고 가정합시다. '멋지다' '스타일리시하다' '미니멀하다' '심플하다' 등 여러 답이 돌아올 것입니다. 그래서 애플이 브랜딩에 실패했는가 하면 전혀 그렇지 않습니다. 표현은 각양각색이라도 사람들이 가지고 있는 애플의 세계관은 공통적입니다. 이것이 분위기입니다.

애플뿐 아니라 삼성, 다이슨, 우버, 테슬라 등은 성공적인 사례로 꼽힙니다. 이들은 디자인 경영이라는 개념을 도입하고 경영 전략에 디자인 전략을 넣어 함께 진행함으로써 해당 브랜드의 일관된 분위기를 만들어냈습니다.

디자인 경영에 힘을 쏟아서 기업 가치가 올라가거나 매출이 급증한 사례는 다수 보고되고 있습니다. 특히 외국의 스타트업에서는 디자인 전략을 기업 설립 시점부터 병행하는 경우가 많습니다. 자금 조달이 이루어지자마자 곧바로 최고디자인책임자인 CDO를 채용합니다. 그 덕분에 신흥 기업이라도 기업으로서의 인격과 개성을 어필하고 자기만의 확고한 이미지를 성공적으로 만들고 있습니다.

일본의 경제산업성과 특허청이 발표한 2018년 '디자인 경영 선언' 이후, 일본의 기업 경영자도 서서히 디자인의 중요성을 깨닫고 있습니다. 그러나 여전히 '매출이 오르면 디자인에 대해 고민해보자'라고 생각하는 경향이 강합니다. 즉 디자인은 비용이라고 생각하기 때문에, 우선은 상품의 스펙 같은 기능 가치를 올리는 일을 1순위로 생각합니다. 고객은 기능으로 물건을 선택한다고 생각하기 때문입니다. 이런 부분에서는 사고방식이 외국 기업과 근본적으로 다릅니다.

외국에서는 언어에 의지하지 않고, '분위기'를 정서적 가치(소비자가 체감하는 정신적인 가치)로 전달하기 위한 전략으로서 디자인에 진지하게 몰두하고 있습니다. 그 배경에는 식자율이 일본만큼 높지 않고, 일상 언어가 다른 국가들이 가까이 붙어 있어서 언어에만 의지할 수 없다는 사정이 있습니다. 일본도 고유한 '분위기'를 만들기 위한 디자인을 더 도입해야 합니다. 그중에서도 디자인의 힘이 필요한 부분은 정치 현장일지 모릅니다. 실제로 행정에서도 디자인의 힘을 이용한 새로운 움직임이 확산되고 있습니다. 그러나 정책을 전 국민에게 전달하기 위해서는 디자인의 힘을 지금 이상으로 활용할 필요가 있습니다.

서로의 여백에
다리 놓기

커뮤니케이션에서 빠뜨릴 수 없는 요소가 서로 왕래할 수 있다는 점이라면, 그곳에는 '다리'가 필요할 것입니다. 이 다리는 어떻게 놓을 수 있을까요?

우선 상대방의 규칙을 인정하는 게 중요합니다. '왜 이런 이상한 규칙이 있는 거야!'라고 부정하는 대신 일단 그 규칙을 따르고, 시도해봅니다. 결과적으로 잘 풀리지 않았을 때는 굳이 더 무리하지 않아도 됩니다. 하지만 첫 걸음을 **'상대방이 소중히 여기는 것을 인정한다'**라는 자세로 시작하는 일이 중요합니다. 적대시하는 상태라면 이야기는 결코 좋은 방향으로 흘러가지 않습니다.

구체적인 방법으로 **상대방이 사용하는 말을 따라 하는 것**도 효과적입니다. 보통은 업계마다 특유의 언어습관이 있습니다. 그런 말을 따라서 사용해봅니다. 마음속으로는 '그 업계 사람은 맨날 줄임말이나 꼬부랑말만 사용해'라고 흉을 보더라도, 이를 드러내면 불필요한 알력을 낳을 뿐입니다. 그보다는 의도적으로 사용함으로써 상대방의 세계에 뛰어드는 자세를 보여줄 수 있습니다. 판타지 소설 중에는 다른 세계의 음식이나 나무 열매 등을 먹으면 그 세계의 주민이 된다는 설정이 있습니다. '한솥밥을 먹고 공감대를 형성한다'라는 것은 인간에게 매우 원시적이고 본질적인 공감대 형성 방법입니다.

하지만 타이밍이나 빈도에는 주의해야 합니다. 처음부터 뜬금없이 상대방의 업계 말투를 따라 했다가는 오히려 거북하게 여길 수 있습니다. '갑자기 뭐야?'라고 화를 낼 가능성도 있습니다. 단순히 표면적인 부분만 맞춰주면서 아첨하고 있을 뿐이라는 사실을 상대방이 알아차렸기 때문입니다. 상대방의 마음에 뛰어들어 공감대를 높여가는 일은 아첨과 비슷해 보이지만 실은 전혀 다릅니다. 이 둘을 혼동하지 않도록 주의해야 합니다.

함께 이야기하면 즐거운 사람들의 공통점

누구에게나 '그 사람은 이야기를 잘한다'라고 인정받는 사람이 있습니다. 단순히 말솜씨가 유창한 사람이 아니라, **'그와 대화하면 즐겁다' '함께 있으면 언제나 재미있다'라는 생각이 드는 사람**입니다. 그들이 사용하는 화법의 특징 중에는 '여백을 잘 만든다'라는 공통점이 있습니다. 여백, 다시 말해 **상대방이 자유롭게 들어갈 수 있는 공간을 이야기 속에 만들어 놓는다**는 뜻입니다.

완벽하게 짜인 '100의 이야기'를 던지면, 상대방은 그대로 전부 받을 수밖에 없습니다. 받는 쪽에게는 조금 힘든 일입니다. 그래서 100이 아니라 70이나 80 또는 40 정도로 만드는 게 좋습니다. 어느 정도로 조절할지는 이야기의 내용에 달려 있습니다. 어쨌든 여백, 바꿔 말하면 '파고들 수 있는 틈'이나 '약점' 같은 부분을 만들어 놓습니다. 그렇게 함으로써 상대방이 대화 속으로 부담 없이 들어올 수 있습니다. 인간관계에서도 자신이 먼저 약점을 포함해 진심을 드러내면 상대도 마음을 여는 경우가 많습니다.

디자인을 예로 들면, 정지영상과 동영상을 만드는 방법의 차이와 비슷합니다. 정지영상은 광고나 포스터 등의 그래픽 디자인을 뜻하고, 동영상은 영화나 텔레비전 광고, 뮤직비디오 등을 말합니다. 저는 개인적으로 **커뮤니케이션은 동영상으로 진행하는 편이 좋다**고 생각합니다.

정지영상과 동영상의 가장 큰 차이점은 '그림의 완성' 여부입니다. 정지영상은 단 한 장으로 완벽하게 그림이 완성되어야 합니다. '말하고 싶은 것'이 한 장에 응축되어 있습니다. 사람들은 그 그림을 보고 '맘에 들어' '싫어' '관심 없어' '좋아' '별로' 등의 순간적 판단을 하게 됩니다.

한편 동영상은 시간의 흐름을 유효하게 사용할 수 있습니다. 이미지가 명확하게 결정되는 때는 상품이나 카피가 들어가는 마지막 컷뿐입니다. 그 외에는 기본적으로 화면이 움직이고 있습니다. 다시 말해 항상 화각이 동적이며, 다음 컷으로 가는 여백이 있습니다. 흐름 속에 존재하는 것입니다. 영상을 보고 있는 사람에게 '도대체 무슨 이야기를 하고 싶은 걸까?' '어디로 가는 걸까?'라는 의문이나 불안, 기대 같은 마음의 흔들림을 느끼게 만들 수 있습니다.

커뮤니케이션은 지금까지 계속 이야기해왔듯이, 처음부터 결론을 정해놓고 이루어지는 게 아닙니다. 의도치 않은 전개와 어디로 튈지 모른다는 점이 커뮤니케이션의 진정한 묘미입니다. 그렇기 때문에 굴러갈 수 있는 공간이나 틈새가 반드시 필요합니다. 이러한 공간이나 틈새는 화자와 청자가 서로 왕래할 수 있는 장소입니다. 듣는 사람이 재미를 느끼고 참여할 수 있는 이야기를 하는 사람이, 커뮤니케이션의 맥락에서는 진정으로 이야기를 잘하는 사람입니다.

강연에서도 마찬가지입니다. 재밌기로 정평이 난 강사는 대단히 능숙하게 틈새를 만듭니다. 청중과의 사이에서 호출과 응답이 활발하게 일어납니다. 반면 프로 강사 중에도 원고에 쓰인 문장을 그저 읽기만 하는 사람이 있습니다. 그런 사람의 이야기는 예외 없이 지루합니다. 적어도 그 자리에서 청중과의 커뮤니케이션은 일어나지 않습니다.

커뮤니케이션은 '왕복하는 선'이지 '점'이 아닙니다. 그렇기 때문에 기본적으로 어느 한쪽의 말로 끝나는 일은 없습니다. 한마디가 계기가 되어 점차 진행됩니다. 모두가 기분 좋게 참가해서 자유롭게 전개하기 위해서는 '여기는 자유 영역입니다'라는 장소가 필요합니다. 그것이 바로 여백입니다.

그렇다면 어떻게 해야 여러분의 이야기에 '여백'이 만들어질까요? 가장 간단한 방법은 '말꼬리를 흐려서 상대방에게 맡기는 방법'이라고 생각합니다. 자신의 의견은 정확히 말합니다. 그리고 마지막에 '…이라는 느낌에 가깝다고 할까요?' '…도 가능하지 않을까 합니다' '이런 게 아닐까 생각합니다만…' 등, 조금 힘을 빼고 마무리 짓습니다. 이런 표현을 사용하면 상대방도 '나는 이렇게 생각한다'라고 의견을 말하기 쉬워지고, 질문도 더 편하게 할 수 있습니다. 반대로 의견을 있는 그대로 분명하게 전달하기만 한다면, 경우에 따라서는 그 시점에서 대화가 끝나버립니다.

커뮤니케이션이 서툰 사람이
급증하는 이유

최근에는 커뮤니케이션이 서툴어서 고민인 사람이 많다고 합니다. 그런데 이렇게 고민하는 사람들은 성공적인 커뮤니케이션을 어떻게 정의하고 있을까요?

일반적으로는 대화가 활발하고 웃음이 넘치거나, 만나고 나서 굉장히 좋은 인상이 남거나, 만족감이 높아 금방 다시 만나고 싶어지는 경우일 것입니다. 사람들은 그럴 때 '커뮤니케이션이 성공적으로 이루어졌다'라고 느낍니다.

물론 모두 맞는 이야기입니다. 그 자리에 참석한 사람들이 '즐거웠다' '또 만나고 싶다'라고 생각한다면 그것은 훌륭한 커뮤니케이션입니다. 하지만 그렇게 '대성공!' 같은 화려한 커뮤니케이션만이 정답은 아닙니다.

제가 성공적인 커뮤니케이션이라고 생각하는 경우는 **상대방과의 공감대가 높아지는 순간을 경험했을 때**입니다. 만나는 시간 내내 계속되지 않아도 좋고, 딱히 다음 기회로 이어지지 않아도 괜찮습니다. 극단적으로 더 이상 만날 일이 없더라도 한순간 고양된 공감대, 다시 말해 '나의 일부를 이해받았다' '상대방의 일부를 이해할 수 있었다'라는 기쁨을 경험한다면 충분히 성공적인 커뮤니케이션입니다.

일터에서도 그럴 때가 있습니다. 평소에는 업무 상대이다 보니 딱히 만나고 싶은 마음도 안 생기고, 개인적인 만남도 별로 원치 않습니다. 하지만 일을 함께 진행하는 과정에서 무척이나 좋은 느낌으로 서로에게 공감했을 때는 정말로 기쁩니다. 한순간에 진짜 동료가 된 느낌이랄까요? '한솥밥을 먹었다'라는 감각과 비슷할지도 모릅니다.

제가 하고 싶은 이야기는 커뮤니케이션은 원래 그 정도로 충분하다는 것입니다. 자신이 서툴다고 생각하는 사람은 아마 '커뮤니케이션은 이래야 한다'라는 대단히 높은 기준이 있을 가능성이 큽니다. 조금 더 부담 없이 생각해도 괜찮습니다. '커뮤니케이션에 성공하겠어!'라고 어깨에 잔뜩 힘을 주기보다, 넓은 여백을 준비하는 편이 훨씬 잘 풀릴 수 있습니다.

자신이 잘하는 방법으로 소통한다

'커뮤니케이션이 서툴다'라고 말하는 사람에게는 또 하나의 특징이 있습니다. 바로 다양한 상황에서 여러 가지 능력이 요구되는 커뮤니케이션을 한 덩어리로 파악하고 있다는 점입니다. '커뮤니케이션에 관한 모든 능력이 뛰어나지 않으니까, 나는 글렀어'라는 식입니다.

그러나 처음 만난 이와 바로 친해져 대화할 수 있는 사람이라도 만능은 아닙니다. 어쩌면 딱딱한 존댓말 사용은 서툴지 모릅니다. 또는 문장이 서툴 수도 있습니다. 커뮤니케이션 능력에도 자신 있는 분야와 그렇지 못한 분야가 있는 것은 당연합니다. 이는 누구라도 마찬가지입니다.

만나서 이야기하는 것이 특기인 사람, 메일로 상대방의 마음을 사로잡는 데 능숙한 사람, 전화 응대가 훌륭한 사람, 손 글씨가 아름다운 사람 등 우리가 가지고 있는 커뮤니케이션 능력은 다양합니다. 이를 최대한 활용하기 위해서 자신의 커뮤니케이션 포트폴리오를 어떻게 만들지 좀 더 고민해보는 것도 방법입니다. 무엇을 잘하고 무엇을 잘 못하는지, 자신의 커뮤니케이션 능력을 배분합니다. 대면으로 이야기하는 일이 서투르다면 메일을 잘 작성해서 전달합니다. 문장이 서투르다면 전화로 이야기합니다. **상대방의 마음에 닿을 수 있는 수단을 무엇이든 한 가지 갖고 있으면 유리합니다.**

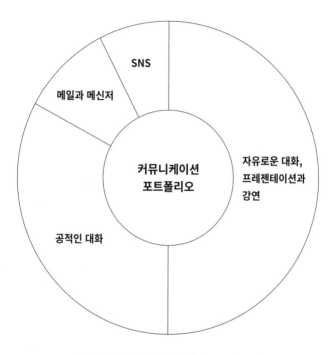

야마자키 세이타로의 '커뮤니케이션 포트폴리오'

'기껏해야 커뮤니케이션'
이다

커뮤니케이션의 중요성과 가치를 논하고 어떻게 해야 성공적인 커뮤니케이션을 할 수 있을지 살펴본 4장의 끝에서, 저는 굳이 이런 이야기를 덧붙이고 싶습니다. **'기껏해야 커뮤니케이션'**이라고 말입니다. 그러니 긴장하면서 잘해야 한다고 부담스러워하지 않아도 됩니다. 잘 풀리지 않았다고 낙담할 필요도 없습니다. 더 편하게 생각해도 괜찮습니다.

저는 매일 먹은 음식들을 잘 기억하지 못합니다. 3일 전 저녁 식사 메뉴는 전혀 기억나지 않습니다. 하지만 그보다 더 엉망은 다른 사람과의 대화 내용을 기억하는 일입니다. 3일 전에 누구와 어떤 이야기를 했는지 구체적으로 떠올리는 일은 불가능에 가깝습니다. 제가 단순히 잘 잊어버리는 사람이라서가 아닙니다. 바쁜 일상을 보내고 있는 현대인이라면 누구나 비슷할 것입니다. 결국 일상적인 커뮤니케이션에는 기억에 남을 만한 중요한 이야기가 거의 없다는 뜻입니다. 그렇다면 **중요한 것은 그때그때의 대화 내용이 아니라 그러한 체험의 축적**이 아닐까요? 모든 대화의 완성도(화기애애했다 혹은 지루했다)를 하나하나 신경 쓸 필요는 없습니다. 함께 쌓아온 분위기와 인상이야말로 커뮤니케이션을 구축하는 중요한 요소입니다.

때때로 과거에 말한 내용을 언제까지고 되새기며 반성하는 사람이 있습니다. '그때 그런 말을 해버려서 상대방을 기분 나쁘게 만들었는지도 몰라' '그때 제대로 반응하지 못해서 나를 재미없는 인간이라고 생각하진 않을까?' 이렇게 말입니다.

그런 걱정은 필요 없습니다. 상대방은 이미 잊어버렸을 테니까요. 대화 속의 작은 실수는 흘러가서 사라져버리므로 신경 쓸 필요가 없습니다. 하지만 결코 잊어서는 안 되는 틀, 넘어서는 안 되는 선도 존재합니다. 그것을 벗어나면 단번에 아웃입니다. 그 선은 상대방이 무엇을 소중히 여기는지, 어떤 역학 관계 속에서 살아가는지를 신중하게 살펴보면 알 수 있습니다.

단번에 알 수 있는 사람은 아무도 없습니다. 그야말로 여백 속에 상대방을 받아들여 음미하면서 찾아가야 합니다. 주의할 점은 그뿐입니다. 그다음에는 부담 없이 편하게 지내도 괜찮습니다. 대화가 끝나고 며칠이 지나면 분위기밖에 남지 않습니다. '왠지 즐거웠어' '그 사람, 느낌이 좋았어'라는 분위기가 남으면 대성공입니다. 반대로 '재미없었어' '어딘가 기분 나쁜 사람이었어'라는 생각이 들면, 거리를 두는 선택지도 있습니다. 반드시 모두와 친해질 필요는 없습니다.

커뮤니케이션에 지나치게 기대하지 않는 태도가 무엇보다 중요하다고 생각합니다. '모든 순간이 승부다!'라는 경우는 기합이 들어간 면접자리라면 몰라도 일상에는 존재하지 않습니다.

상대방에게 관심을 가지고, 상대방의 이야기에서 재미를 찾는다는 기본자세만 가지고 있으면 작은 말실수는 신경 쓰지 않아도 됩니다. 자유롭게 자신의 생각을, 자기 언어로 편하게 전달합시다.

여백 사고란?

　자신과 타인의 적절한 거리감 속에서 커뮤니케이션 랠리를 반복하는 것이다. 다른 사람이 전하고자 하는 내용이나 전하고 싶다는 마음을 일단 받아들여야 한다.

　방법론만 흉내 내서는 좋은 커뮤니케이션을 실현할 수 없다. 방법론의 뒷면에 존재하는 마음과 기분으로 눈을 돌려 서로를 인정하는 것을 목표로 삼자.

지금 당장 가능한 여백 사고

- 커뮤니케이션은 횟수 제한이 없는 랠리다. 상대방에게 공을 던지는 것으로 끝나지 않는다. 내가 이상한 공을 던지면, 상대방도 이상한 공으로 돌려준다. '이상하다'라는 생각이 들면 다음에는 던지는 방법을 바꿔보자. 그렇게 하면 상대도 바뀐다.

- 무언가를 전하고 싶을 때는 우선 '서로의 머릿속 지도'를 조율한다.

- 이야기를 들을 때는 '그렇군요' '재미있네요'라고 맞장구를 친다.

- 자신이 들은 것이 전부라고 생각하지 않는다.

- 상대방의 소중한 대상을 소홀히 여기면 커뮤니케이션도, 인간관계도 끝난다. 상대방을 존중하는 마음을 잊지 않는다.

- 일부러 상대방이 사용하는 표현을 쓰면서 대화한다.

- 침묵을 두려워하지 않는다. 어색하다고 느끼는 것은 당신뿐일지도 모른다.

- 다소의 오해를 허용한다. 완벽한 커뮤니케이션은 존재하지 않으며, 100% 제대로 전달하는 일은 애초에 불가능하다.

5장

나를 성장시키는 여백의 힘

실패를 두려워하지 않고,
여유 있는 마음을 만드는 방법

다른 사람의 실패 따위, 아무도 신경 쓰지 않는다

뭔가를 하려는 마음이 생겼을 때, 곧바로 시작할 수 있는 사람과 제자리걸음을 하며 나아가지 못하는 사람이 있습니다. 움직이지 못하는 사람을 붙잡고 있는 것은 '실패하면 꼴사납다' '성공하지 못하면 부끄럽다'라는 생각입니다. 주변에 그런 이유로 제자리걸음 중인 사람이 있다면 이런 말을 해주고 싶습니다. "걱정하지 마. 아무도 신경 쓰지 않아."

여러분에게 관심이 없다는 이야기가 아닙니다. 타인

이라는 존재에는 원래 그 정도의 거리감이 있다는 뜻입니다. **그러니 어떤 결정을 내리고 무엇을 시작하든, 자신만 좋으면 그것으로 충분합니다.**

복장의 경우를 예로 들어봅시다. 누구나 만날 사람의 분위기나 장소 등을 떠올리면서 '오늘 뭘 입고 갈까?'라고 이것저것 고민한 경험이 있을 것입니다. 하지만 대부분은 아무도 나에게 신경 쓰지 않습니다. '패션은 결국 자기만족'이라고 흔히들 말합니다. 연인이거나 짝사랑 중이거나 상대방의 패션에 주목해야 할 특별한 사정이 있지 않다면, 평소 술자리에 친구가 어떤 옷을 입고 왔는지 기억하는 사람은 거의 없습니다. 그러니 내가 만족하면 그만입니다. 세상에는 이런 일들이 생각보다 더 많습니다. 그렇다면 성공을 확신할 수 없어도 자기가 하고 싶은 일을 합시다. 그것만으로 충분합니다.

다만 여기에도 한 가지 주의점이 있습니다. 상대방이 신경 쓰지 않는 실패는 어디까지나 자신과 관련이 없거나, 다른 사람의 여백 속 이야기일 때입니다. 예를 들어 여러분이 어떤 요리를 하다가 부엌에 크게 탄 자국을 만들었다고 가정합시다. 그곳이 여러분의 집이거나 상대방과 관계없는 장소라면 상대방은 전혀 신경 쓰지 않을 것입니다.

설령 상대방 집의 정원이라도 '바비큐 파티를 하자'라며 그 장소를 제공받았을 경우, 제대로 사과하면 용서해줄 가능성이 높습니다.

하지만 상대방의 코어와 관련된 부분이라면 이야기는 전혀 달라집니다. 상대방의 심리적인 퍼스널 스페이스의 중요한 부분을 침범한 것만으로도 불쾌한데, 실수까지 한다면 다시는 관계를 회복할 수 없습니다. 정리하자면 **'성공을 장담할 수 없더라도 자신이 하고 싶은 일을 한다'라는 마음가짐이 인생을 즐기고 나아가 여백을 넓히는 비결**이라고 생각합니다.

새로운 배움이 여백을 넓힌다

저는 어떤 새로운 일에 도전할 때 실패를 두려워하거나 꼴불견이라고 생각하지 않습니다. 오히려 새로운 사물이나 개념과의 만남은 새 장난감을 선물 받은 느낌이라서 의욕적으로 그것을 즐깁니다. 배움이나 타인의 가르침, 즉 지금까지 자신에게 없던 새로운 것이나 사고방식, 가치관과의 만남은 말할 필요도 없이 인간의 성장 과정에서 대단히 중요합니다.

어떤 일에 익숙해져서 뭐든지 문제없이 해내게 되면, 새로 배우거나 지적받는 일이 없어 마음은 편해집니다. 하지만 그러한 상황에 안주하고 있으면 여백은 점점 닫힙니다. 현실과 타협하는 상태가 되어서는 안 됩니다. **여백은 사용하지 않으면 점점 줄어듭니다.**

배움은 여백을 강제로 넓힐 수 있는 좋은 기회입니다. 배우는 일이 즐거우면 '실패하면 어쩌지?' '나보다 어린 사람에게 배우는 건 부끄러워'라는 감정보다 '즐거움'이 승리합니다. 한참 어린 학생에게도 '스케이트보드 좀 가르쳐줄래?'라고 자연스럽게 부탁할 수 있습니다. 어떤 가치관이 들어와도 괜찮은 여백 공간을 가지고 있으면, 다양한 차이에 놀라고 때로는 혼나기도 하면서 자신의 세계를 무한히 넓힐 수 있습니다.

비난과 공격에서 나를 지키는 법

누군가에게 혼나거나 비난받는 일이 가장 고통스럽다는 사람이 있습니다. 실제로 혼난 경험이 원인이 되어

'실패하면 부끄럽다'라는 생각이 들면

정말 하고 싶은지 아닌지로 돌아가보자.

내가 하고 싶다면 다른 사람의 눈을

신경 쓸 필요는 없다.

마음이 병든 사람도 많다고 합니다. 성격과 기질은 사람마다 제각각이기에 누구에게나 적용되는 이야기는 아니지만, 발상을 전환하면 혼나는 것에 대한 두려움과 고통에서 벗어날 수 있습니다.

저도 편입한 고등학교에서 성적이 전혀 오르지 않고 계속 낙제점을 받던 시절에는 시종일관 선생님께 혼이 났습니다. 교무실에도 자주 불려 갔는데, 제가 정한 원칙은 '일단 20번 죄송하다라고 말하자'였습니다. 선생님이 어떤 문제를 지적하고, 왜 화가 나셨는지는 사실 듣고 있지 않았습니다. 누가 봐도 반성한다는 표정을 짓고, 어느 타이밍에 '죄송합니다'라고 말할지만 생각하고 있었습니다. 결과적으로 20번까지 세어본 적은 한 번도 없습니다. 그 전에 훈계가 끝나서 해방되었기 때문입니다.

당시에는 이런 저의 대처법에 특별히 이름 붙이지 않았습니다. 하지만 지금 와서 생각해보니 이것도 여백 사고였습니다. '죄송합니다'를 반복한다는 자신이 정한 규칙을 통해서 선생님과 저 사이에 여백을 만들려고 했습니다. 선생님에게 완전히 자신을 빼앗기지 않도록, 학교의 가치관에 흡수되지 않기 위한 고교생의 작전이었습니다.

결국 **비판이나 비난을 정면으로 받아낼 필요는 없다**는 이야기입니다. 화가 난 상대방과 혼나고 있는 자신 사이에 여백을 만듭시다. 그렇게 함으로써 나에게 가장 중요한 부분을 지킬 수 있습니다. 가장 중요한 부분이란, '자신이 정말로 하고 싶은 일'이나 '진짜 나의 생각'입니다.

만약 내일 아침에 일어나서 갑자기 회사에 가고 싶지 않다면, 가지 않아도 괜찮습니다. 큰 피해를 끼치지 않는 선에서 어느 정도는 규칙을 지키지 않아도 좋습니다. 물론 상대방은 화를 내겠지만, 어쩔 수 없습니다. 하지만 혼났다고 해서 **자신에게 실망할 필요는 없습니다. 혼나는 게 두려워 자신의 마음을 속이는 것은 안타까운 일**이라고 생각합니다. 저는 어떤 시련이라도 '죄송합니다'를 20번 정도 말하는 동안 극복할 수 있다고 믿습니다.

절벽 끝에 몰렸을 때 '도망치는 방법'을

미리 생각해두자.

이것이 위기까지 즐길 수 있는 비결이다.

"그렇군요"의
마법

가장 안심할 수 있는 커뮤니케이션은 자기 자신과의 커뮤니케이션입니다. 자신의 복제 로봇을 만들어 대화하면 그야말로 하나를 들으면 열을 알 수 있습니다. 틀어짐도 어긋남도 없습니다. 무슨 이야기를 해도 '그렇지!' '나도 그렇게 생각해!'의 연속이겠죠. 자기 복제품이라는 것은 100%의 동질성을 뜻합니다. 인간의 커뮤니케이션은 동질성이 높아질수록 부담도 적어집니다.

가족은 타인보다 동질성이 높아서 편하게 이야기할 수 있는 상대입니다. 학교에서는 같은 반이나 동아리에 속한 친구가 다른 친구들보다 서로 이해가 빠릅니다. 이를 반대로 생각하면, **상대방을 부정하고 싶은 경우는 동질성이 낮을 때입니다.**

누군가와 대화할 때 '무슨 생각을 하는지 잘 모르겠다' '무슨 말인지 이해가 잘 안 된다'라는 경우가 있습니다. 그때 자신에게 여백이 없으면 상대방을 이물질로 여겨 멀리 튕겨버리기 십상입니다. 이 책에서는 꾸준히 동질성이 낮은 대상을 받아들이도록 권유하고 있습니다. 그러기 위해서는 어느 정도의 여유가 필요합니다. 동질성이 낮은 사람들을 대할 때는 다음의 만능 표현을 사용해보세요.

"그렇군요."

전혀 이해할 수 없는 내용에 대해서 상대방이 공감을 요구할 때도, 우선 이렇게 말하면 상대방은 계속 이야기를 이어갈 수 있습니다. 나는 아직 제대로 이해하지 못했어도 계속 듣다 보면 어느 순간 이해할 수 있는 타이밍을 만날지 모릅니다. 이야기가 일찍 중단되지 않도록 만드는 게 중요합니다.

저는 '그렇게 생각할 수도 있군요'라는 표현도 자주 사용합니다. 전체가 아니라 하나의 관점으로서 긍정합니다. 다른 사람을 대할 때의 절대적 원칙 가운데 '기본적으로 나는 100점 만점이 아니다'라고 자각하는 것이 있습니다. 정답은 하나가 아니기 때문에 '그렇군요, 당신의 대답은 그것이군요'라고 받아들일 수 있습니다. 그렇다고 상대방의 의견에 따라서 자기 코어의 대답을 당장 바꿀 필요는 없습니다. 어디까지나 여백 속에 '보류' 항목으로 넣어두면 됩니다.

'1인 브레인스토밍'으로 머릿속 정리하기

모든 것을 일단 '그렇군요'라고 받아들이는 태도는 얼핏 가볍게 여겨질지도 모릅니다. 하지만 그런 부분은 고려할 필요가 없습니다. 저는 종종 1인 브레인스토밍을 하는데, 그때도 머릿속의 또 다른 저에게 이런 말을 연발합니다. '그렇군, 그런 가능성도 있군.'

자신의 아이디어나 생각을 긍정하고, 때로는 '아냐, 이게 더 좋은데?' '이런 것도 있군'이라고 덮어쓰기도 합니다. **아이디어나 사고방식에는 위아래가 없습니다.** 모든 가치는 동일하기에 '그렇군요'라고 받아들이는 일이 중요합니다.

저는 사원들과 가끔 '1인 브레인스토밍'을 함께하는 시간을 갖기도 합니다. 사원들은 제가 중얼거리며 화이트보드나 A3 종이를 채우는 모습을 그저 바라봅니다. 그렇게 하면 제가 내린 결론뿐만 아니라 주변의 개념, 아이디어, 철학도 함께 전달할 수 있습니다. 그리고 1인 브레인스토밍이 끝나면 저는 종이를 건네주며 자료 정리를 부탁합니다. 사원들은 왜 이런 결론이 나왔는지 과정을 다 알고 있기 때문에 좋은 자료가 완성됩니다.

이렇게 애매한 감각을 끄집어낼 때 사용하는 종이는 가능한 한 여백이 많은 편이 좋으므로 A3 사이즈를 추천합니다. 아니면 아무 선도 없는 큰 화이트보드도 좋습니다. 참고로 종이에 쓸 때는 필기구 선택도 중요합니다. 경험상 처음부터 너무 심이 얇은 볼펜은 사용하지 않는 편이 좋습니다. 브레인스토밍 단계에서는 애매함이 전제에 포함되어 있기 때문에, 홀더펜이나 심이 굵은 8B 연필을 사용하는 게 좋습니다. 심이 굵은 연필이나 크레용은 선 자체에 여백이 포함되어 있습니다. 그래서 아이디어를 내는 사람도 '애매하게 적어도 상관없다' '일단 써보자'라고 마음이 편해집니다. 얇은 펜이라면 '정확하게 써야 한다' '틀려서는 안 된다'라는 압박을 받게 됩니다.

애매함은 대개 부정적으로 여겨지는 경우가 많습니다. 하지만 어떤 아이디어나 생각, 의견을 출력하는 입장에서는 '애매해도 괜찮다'라는 상황이 그저 고마울 뿐입니다. 자유롭게 발상을 떠올려 어중간해도 좋으니 일단 밖으로 내보냅시다. 이렇게 하면 새로운 자극과 시사점을 얻을 수 있어 한층 사고가 깊어집니다.

실제로 종이를 사용해서 애매한 선을 그려보면 알 수

있지만, 애매한 사고도 몇 번이고 다시 그리다 보면 중요한 지점은 선이 계속 겹치게 됩니다. 사고가 이동할 때마다 반복해서 지나가는 장소가 생겨 그곳이 점점 '진해'집니다. 애매함이 겹치다 보면 서서히 윤곽이 부여되어 명확한 선으로 떠오릅니다.

처음부터 명확한 선을 그리려고 하지 않아도 된다는 이야기입니다. 그저 **애매한 것을 겹쳐나가다 보면 '중요한 부분은 여기'라는 본질이 떠오르고, 새로운 개념이 만들어지는 순간을 만날 수 있습니다.**

불완전해도 괜찮다

학창 시절 1년간 미국 유학을 한 적이 있습니다. 하지만 지금도 영어에는 별로 자신이 없습니다.

한때는 영어 실력을 높이기 위해 잠시 영어 회화 학원에 다닌 적도 있었는데, 수업에 들어가기 전에 먼저 레벨 테스트를 받았습니다. 시작할 때는 '말을 아주 잘하시네요'라고 칭찬받았지만, 결국 상당히 아래 등급의 반에 배정되었습니다. 한마디로 저의 영어는 문법도 엉망이고,

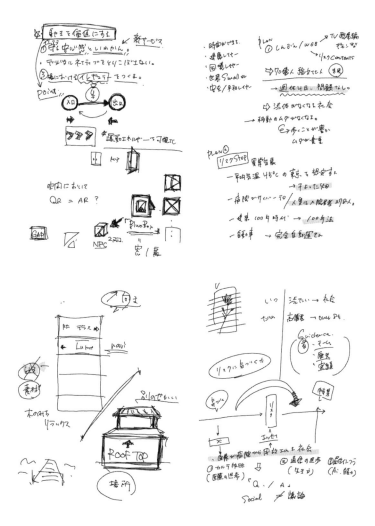

'여백' 속에서 생각하기 때문에 '자유롭게' 아이디어를 떠올릴 수 있다

의욕만 앞서 되는 대로 말했을 뿐이었습니다. 처음에 칭찬 받은 이유는 자신만만하게 계속 떠들어댔기 때문입니다.

'하지만 그래도 괜찮지 않나?' 저는 이렇게 생각합니다. 영어를 공부하는 과정에서 자주 듣는 이야기이지만, 대부분의 사람들은 '정답이 아니면 안 된다'라는 강박에서 벗어나지 못하는 듯합니다. '올바른 문법이 아니라면' '발음이 정확하지 않다면' 말해서는 안 된다는 선입견을 가지고 있습니다. 그렇지만 그런 것은 의식할 필요가 없습니다. 할 수 있는 만큼 적당히 말하면 됩니다. 기분이나 분위기가 전해진다면 일단 성공적인 커뮤니케이션입니다.

애매한 상태로, 다시 말해 미완성의 상태로 출력할 수 있는 능력은 매우 중요합니다. 대부분의 사람들은 좀처럼 이렇게 할 수가 없습니다. 무의식적으로 '좋은 것' '맞는 것'만 세상에 내놓아야 한다고 생각하기 때문입니다. 그래서 '연습해서 잘 만들게 되면 대접해야지' '완벽하게 마스터하고 나서 들려줘야지'라는 태도가 주류가 되어버렸습니다. '연습하고 나서 보여준다'라는 문화는 우리 사회 깊숙이 뿌리를 내리고 있습니다. 유치원 아이들조차 재롱잔치를 위해 맹연습을 합니다.

이것은 뒤집어서 생각하면 '불완전함이나 애매함을 용서하지 않는다'라는 태도와 연결됩니다. 그래서 완벽하지 않은 것을 부정하는 풍조로 이어지고 있습니다. 자신이 애매한 무언가를 출력했다면 상대방의 불완전함도 받아들일 수 있습니다. '피차일반'이라는 생각으로 서로의 애매함을 허용하면, 삶은 지금보다 훨씬 더 편해질 것입니다.

모른다고
말할 수 있는 용기

　최근에는 실제로 체험하지 않고 사물을 이해했다고 생각하는 사람이 늘고 있습니다. 누군가의 경험을 유튜브로 보거나 블로그에서 읽고는 마치 자기가 해본 듯한 기분을 느낍니다. 유튜브에서 인기 있는 '게임 실황 중계'가 가장 대표적입니다. 자기가 직접 조작하는 일과 누군가가 하는 것을 보는 일은 체험의 질이 근본적으로 다릅니다. 자기 몸을 써서 경험하는 일이 줄어들고 있는 이런 흐름에 점점 위기감이 느껴집니다.

　뭔가 새로운 화제의 대상이 나왔을 때 '알고 있다'라고 말하는 사람은 많습니다. 그러나 '해본 적 있습니까?'라고 물어보면 그렇지 않은 경우가 대부분입니다. 정보로는 알고 있지만, 경험으로서는 알지 못합니다. 그리고 경험까지 알고자 하는 사람은 급격히 줄어들고 있습니다. 본인이 직접 도전하기보다 인터넷의 정보 사이트나 유튜브 시청만 하면서, 마치 스탬프 랠리처럼 계속 '알고 있다'라는 스탬프를 수집합니다.

　그러나 '알고 있다'와 '모른다'를 좀 더 제대로 의식할 필요가 있습니다. 알고 있는 경우에도 '들은 적/본 적 있다'와 '실제로 해본 적 있다'는 다릅니다. 그런데 대부분의 사람들은 '들은 적 있다' 또는 '본 적 있다'도 '알고 있다'로 생각하고 있습니다. 이 둘은 분명히 구분해야 합니다.

그 이유는 '알고 있다'라고 대답하면 상대방은 '그럼 이 설명은 필요 없겠네' 하며 건너뛰고 다음 단계로 넘어가 버리기 때문입니다. '들은 적은 있지만 잘 모르겠다'라고 했다면 제대로 설명해주었을 겁니다. 하지만 '알고 있다'라고 말함으로써 결과적으로 배울 기회를 잃어버린 셈입니다. 동시에 '해본 적 없으면 함께합시다'라는 체험의 기회도 놓쳐버렸을 가능성이 큽니다. 너무나 아까운 일입니다.

모르면 솔직하게 모른다고 말하는 편이 인생에서는 훨씬 '이득'입니다. 멋진 척하지 않고 정직하게 '모르니까 가르쳐줘'라고 부탁하는 사람에게는 누구라도 기꺼이 가르쳐주고 싶은 마음이 생깁니다.

배움을 좋아하면 점점 미지의 정보가 들어오기 때문에 여백이 넓어집니다. '이런 것도 모른다고 하면 바보 취급을 당한다'라는 순간의 작은 자존심은 필요 없습니다. 더 '큰 자존심'을 갖도록 합시다.

'들은 적/본 적 있다'와
'알고 있다'는 비슷한 것 같지만 전혀 다르다.
들은 적, 본 적은 있지만 잘 모른다고 말한다면
배움의 기회를 얻을 수 있다.

큰 자존심은 **결과적으로 행복해지는 일을 최우선으로 여기는 것**입니다. 하루하루의 소소한 일들을 무엇을 위해서 하고 있는지, 행복하려면 무엇이 중요한지를 우선으로 생각합니다. 한순간의 '모른다'라는 부끄러움은 신경 쓸 가치가 없는 사소한 부분입니다.

큰 자존심은 삶의 축이 되는 가치관이기도 합니다. 이를 실현하려면 '현재'를 유용하게 사용해야 합니다. 현재의 행동과 실현하고자 하는 미래를 항상 연결해 놓아야 합니다.

오해받는 것을 두려워하지 말자

인간은 타인에 대해서 상당히 일방적으로 판단하는 존재입니다. '그 사람은 ○○해서 싫어' '○○한 사람이라고 생각했는데 아니더라, 실망이야' 등 카페나 술집에서 일상적으로 이런 대화가 오갑니다.

저는 "참 특이하신 분이네요"라는 말을 자주 듣습니다. 좋은 의미로도 나쁜 의미로도 특이하긴 한가 봅니다.

"대체 정체가 뭡니까?"라는 말도 종종 듣습니다. 그

럴 때는 어떻게 반응해야 할지 좀 난감하지만, "글쎄요"라고 딱히 신경 쓰지 않고 흘려버립니다.

누군가를 일방적으로 판단하는 사람들은 하나의 말과 행동, 다시 말해 '점'을 보고 그것으로 전체를 결정합니다.

원래는 많은 교류를 통해서 점이 '면'이 되고, 그것들을 조금씩 조립하면서 비로소 입체적인 전체 모습에 접근할 수 있습니다. 그런데 단 하나의 '점'에서 중간 단계는 전부 건너뛰고 '이런 사람이다!'라고 결론을 내리는 경우가 많습니다.

제가 자주 듣는 '특이하다'라는 표현도 마찬가지입니다. 많은 사람이 본인이 이해할 수 없는 언행을 하는 사람을 만나면 자동으로 '특이한 사람' 카테고리에 넣어버립니다. 그래서 이 세상에 오해가 넘쳐흐릅니다. '나를 전혀 이해해주지 않아' '뭔가 오해받고 있어' '진짜 나를 알아줬으면 좋겠어'라고 답답해하는 사람도 상당히 많습니다.

사고 속에 여백이 존재한다면 '뭐, 그럴 수도 있지'라고 넘어가며 다른 사람에게 자신을 납득시키는 일에 스트레스를 받지 않습니다. 상대방이 뭔가 대단한 오해를 하고 있더라도 '저 사람한테는 그런 식으로 보이는구나' 정도로

밖에 생각하지 않습니다. '그렇지 않아!'라고 달려들어 싸우거나 하지 않습니다. 다른 사람들의 평가에 매우 관용적으로 대응할 수 있습니다. 쉽게 말해서 '신경 쓰지 않는다'라는 뜻입니다.

이렇게 '신경 쓰지 않는' 능력을 현대인들은 조금 더 단련해야 한다고 생각합니다. 모두가 세세한 것까지 지나치게 신경을 쓰기 때문입니다. 분명히 말씀드리지만, 본인이 의식하는 만큼 다른 사람은 여러분을 전혀 신경 쓰지 않습니다.

반대의 경우를 한번 생각해보세요. 연인이거나 결혼할 상대라면 이야기가 다르겠지만, 우리는 일상의 인간관계 속에서 일일이 다른 사람에 대해 진지하게 평가하며 살아가지는 않습니다. 그럼에도 자신에게 관심이 쏠리는 순간에는 모두가 나를 굉장히 신경 쓰고 있는 것처럼 느껴지며 자의식 과잉 상태가 됩니다. 하지만 그럴 필요 없습니다. 좀 더 편하게 살아갑시다. 거듭 말씀드리지만, 사람들은 내가 생각하는 만큼 나에게 관심이 없습니다. '뭐, 그럴수도 있지'라는 것은 어찌 보면 다른 사람과 자신과의 적절한 거리를 유지하기 위한 편리한 말입니다. 정신적인 여백을 가지고 있기에 사용할 수 있는 말이기도 합니다.

모든 일이
잘 풀리지 않을 때

저는 지금까지 살면서 세 번, 큰 슬럼프에 빠진 적이 있습니다. 20대에 한 번, 30대에 한 번, 최근은 코로나 사태가 한창이었을 때였습니다.

20년 가까이 디자인과 창작에 종사하고 있어, 평소에는 자연스럽게 기획이나 디자인을 출력할 수 있습니다. 그리고 휴식 삼아 다른 디자인을 하거나 예술작품 제작에서 잠시 숨을 돌리기 위해 그래픽 디자인을 하는 정도의 가벼운 마음으로 창작 작업에 임하고 있습니다.

하지만 슬럼프에 빠졌을 때는 무엇을 만들어야 할지 전혀 알 수 없었습니다. 점점 나의 존재 가치와 핵심 축이 침범당하는 느낌이 강해지다 결국 아무것도 할 수 없게 되어버렸습니다. 일단 그렇게 되면 다시 일어서기까지 1년 정도 걸립니다. 그때는 무슨 일을 해도 잘 풀리지 않는 하루하루가 정말 힘들었습니다.

잠시 창작에서 떠나보기도 했지만 당연히 어떤 해결책도 찾을 수 없었습니다. '절대 잘되지 않을 거야'라고 생각하면서도 시도하고, 결과적으로 '거봐, 역시 잘 안 됐어'라고 낙담했습니다. 분명 실패할 거라고 여기면서도 해보고, 잘 안 풀리면 다시 실망했습니다. 조금도 즐겁지 않고 의욕도 생기지 않았습니다. 하지만 그런 상황에서도 창작을 계속하는 일만은 멈추지 않았습니다. 실패할 것을 알면서도 일단 시도하고, 즐겁지 않아도 도전했습니다.

저는 슬럼프에서 빠져나올 때는 갑자기 안개가 걷히는 느낌을 받습니다. 언제 그 순간이 올지 모르기 때문에 움직임을 멈추지 않는 것이 중요합니다. 괴로워도 그곳에서 도망치지 않는 것이 자존심을 지키는 버팀목이 된다고 생각합니다.

어떤 일을 하더라도 하루하루 조금씩 더러움과 응어리가 쌓여 갑니다. 그것이 한계를 초과했을 때 슬럼프가 찾아오는지도 모르겠습니다.

슬럼프는 누구에게나 찾아옵니다. 얼마나 계속될지는 개인차가 있겠지만, 슬럼프를 겪는 중에도 일을 '할 수밖에 없는' 때가 있습니다. 그러나 슬럼프를 벗어나면 그때의 경험은 큰 가치로 바뀌어 넓어진 자신의 여백으로 되돌아옵니다.

가끔 세 번의 슬럼프를 되돌아보며 벗어나게 된 계기가 무엇이었는지 생각할 때가 있습니다. 참선하러 다니던 절의 주지 스님이 해주신 말씀이거나, 어느 큐레이터의 조언인 경우도 있었습니다. 하지만 절대 빠트릴 수 없는 요소는 바로 '손을 계속 움직이는 것'이었습니다.

게임이나 만화에서 아주 단단하고 큰 바위가 등장할 때가 있습니다. 한두 번의 공격으로는 부서지지 않습니다. 하지만 멈추지 않고 공격하는 것 말고는 다른 방법이 없습니다. 그렇게 계속 때리다 보면 300번째 정도에 마침내 부서집니다. 슬럼프도 이와 마찬가지라고 생각합니다. 자포자기해서 편한 곳에 틀어박히거나, 그곳에서 도망쳐버리면 슬럼프에서 벗어날 수 없습니다.

계속 움직이는 것. 활동을 멈추지 않는 것. 그것이 슬럼프에서 벗어나는 유일한 방법입니다.

언제나 '놀이'의 감각으로

저는 디자이너로서 우리가 살아가는 사회가 마치 큰

장난감 상자 같다고 생각합니다. 상자에는 다양한 장난감이 가득 차 있습니다. 화려한 장난감과 단순한 장난감, 딱 봐도 재미있어 보이는 장난감이 있는가 하면 묘한 색조나 모양의 장난감도 있습니다. 개중에는 언뜻 봐서는 놀이 방법을 알 수 없는 것도 있습니다. 그러나 '재미없어 보이는' 장난감도 놀이 방법을 알면 즐거울지 모릅니다. '어떻게 하면서 노는 걸까?' '어떤 식으로 사용하면 더 즐거울까?' 저는 이런 생각을 바탕으로 모든 것을 대하고자 노력하고 있습니다.

그래서 만나는 사람들은 저에게 '놀이 상대'입니다. 일터에서 만난 사이라도 경제적인 이해관계가 아니라 함께 장난감을 가지고 노는 팀이자 동료라고 인식합니다. 서로 입장이 달라도 그 사실은 변하지 않습니다.

공원에서 다 같이 축구를 할 때 누구의 공을 사용해도 즐거움은 변하지 않습니다. 상대 팀의 공이든 우리 팀의 공이든, 하나의 공만 있으면 게임을 시작할 수 있습니다. '잠깐, 내 공을 가지고 하니까 슛을 하지마'라고 생각하는 사람은 아무도 없습니다. '함께 놀기'라는 감각으로 사회와 사람을 대하면 모든 일이 재미있습니다. 그래도 관심이 생기지 않는다면 **아직 놀이 방법이나 즐기는 방법을 모**

르는 것뿐이라고 생각합니다.

취향에 따라 상대방을 가리지도 않습니다. 물론 어떻게 해도 나와 마음이 맞지 않는 사람이 있습니다. 사고의 방향성이나, 삶의 철학이 완전히 다른 사람입니다. 실제 놀이터에서도 그런 경우가 있습니다. 함께 놀이터에 갔는데 상대방은 모래밭에서 놀고 싶어 하고, 나는 그네를 타고 싶은 것처럼 말입니다. 또는 '카드 게임을 하고 놀자!'라고 해서 포켓몬 카드를 가지고 갔더니 상대방은 유희왕 카드를 가져온 경우입니다.

그럴 때는 실망하지 말고 그냥 '그렇구나. 너는 그쪽이구나'라고 생각하면 됩니다. 그리고 방법을 가르쳐주면 기꺼이 놀이에 참여합니다. 놀아보고 나에게는 맞지 않는다고 느낄 수도 있습니다. 하지만 적어도 처음부터 거부하지는 맙시다. 누군가 즐겁다고 느끼는 대상에 관심을 가지고 함께 놀다 보면, 그 사람과의 거리가 급격히 가까워집니다.

일에서도 상대방 기업이나 사업 내용에 대해 '재미있어 보인다' '더 알고 싶다'라는 자세를 취하는 게 중요합니다. **이쪽이 관심을 가지고 기대하고 있다면 상대에게도 반드시**

전해집니다. 모르는 사람들이라도 함께 공을 차는 동안 점점 즐거워지고 열정이 생기듯이, 시너지 효과로 에너지가 높아집니다. 이러한 놀이 감각, 그리고 다양한 것들을 '어떻게 하면서 놀까?'라는 조금 높은 의욕이 새로운 것을 만들어내고 앞으로 나아가는 힘이 됩니다.

지금까지 일과 인간관계, 커뮤니케이션을 중심으로 여백이라는 키워드에 대해 다양한 이야기를 해왔습니다. 분명 모든 이야기에 납득이 간다기보다 '이건 대체 무슨 의미지?' '이것과 여백은 무슨 관계야?'라고 의문을 느낀 분들이 더 많을 것입니다.

하지만 조금이라도 '여백에서 생각한다는 건 이런 뜻이구나' '이렇게 생각하면 일이 잘 풀릴 것 같아'라는 부분을 발견하신다면 좋겠습니다.

여백 사고란?

'이렇게 할 수밖에 없다' '이것은 당연하다'라는 사고 방식에서 한 걸음 물러나 그 이외의 선택지를 도입해보는 것이다.

'이렇게 해야 한다'라는 사고로 굳어진 사람의 머릿속에서는 여백이 사라져버린다. 우선은 1인 브레인스토밍이나 놀이 감각의 재확인을 통해 '여백이 없는 자신'의 존재를 깨닫자.

나의 경우 내 힘으로는 아무것도 할 수 없는 어려운 상황에서 '죄송합니다'를 반복함으로써 자신을 지켜왔다. 누구에게나 '그저 나를 지킬 수밖에 없다'라는 상황이 찾아올 수 있다. 그때 사용할 수 있는 자신을 지키는 방법을 마련해놓아야 한다.

지금 당장 가능한 여백 사고

- 모두 비판이나 비난을 정면으로 받아낼 필요는 없다. 그럴 때일수록 상대방과의 사이에 존재하는 여백을 소중히 여기자.

- 현실에 안주하지 않는다.

- 머릿속에서만 생각하는 것을 그만두고 때로는 글로 표현해본다.

- 전혀 이야기가 통하지 않는 사람에게 '그렇게 생각할 수도 있겠네요'라고 말해본다.

- '나 자신도 완벽하지 않다'라는 자세로 다른 사람을 대한다.

- 단지 '들은 적 있다' '본 적 있다'에 해당하는 일은 '모른다' 카테고리에 넣어두자.

- 진지하게 생각한다. 하지만 지나치게 심각해지지는 말자.

'여백의 모습'은
내가 결정한다

일반적으로 '여백'이라고 하면 '채운다'를 떠올리는 분들이 많습니다. 하지만 이 책에서 거듭 그 가치를 설명 드린 것처럼 여백은 채워야 하는 대상이 아니라 오히려 점점 넓어지고 깊고 풍요로워지는 공간입니다.

예를 들어 다른 사람을 받아들일 때 여백은 '채워지' 않고 넓어집니다. 전혀 다른 가치관이 들어왔을 때도 마찬가지입니다. 여백은 더욱 깊고 풍요로워집니다.

이 여백을 향해 물건이든 사고방식이든 가치관이든,

뭐든지 던져 넣으면 점점 공간은 넓어집니다. 넣으면 넣을수록 계속 끊임없이 들어갑니다. 유연하게 부풀어 오르는 것입니다.

저는 교양도 비슷한 방식으로 증식한다고 생각합니다. 대부분의 사람들은 '교양=지식을 많이 습득하는 것'이라고 이해합니다. 모르는 부분을 점점 지식으로 메우는 느낌입니다. 그런 식이라면 결과적으로 지식의 총량이 많은 사람이 승리합니다. 하지만 진정한 교양은 물리적인 양의 경쟁이 아닙니다. 수치로 측정할 수 있는 대상이 아닌 것입니다.

다양한 지식과 정보, 가치관을 계속 던져 넣다 보면 언젠가 그 하나하나의 정보와 지식은 잊힐지 모릅니다. 하지만 넓고 풍요로워진 여백은 남아 있습니다. 그 여백은 이전보다 훨씬 더 포용력이 큽니다. 이러한 상태야말로 성숙한 교양이 가져야 할 본래 모습이 아닐까요?

그런 의미에서 무엇을 배우고, 어떤 책을 읽을지 결정하는 일은 바꿔 말하면 자신 안에 어떤 여백을 만들지 선택하는 것입니다. 여백의 모습은 자신이 결정합니다. 이것이 곧 자기 인생을 살아간다는 의미가 아닐까요?

절대축의 정점은 꿈

누가 '당신의 꿈은 무엇입니까?'라고 묻는다면 어떻게 대답하시겠습니까? 제가 상대방에게 이 질문을 하는데는 '당신의 절대축을 알고 싶다' '인생에서 소중하게 생각하는 대상을 알고 싶다'라는 마음이 숨어 있습니다. 저는 상대방에게 관심이 있을 때 이 질문을 던집니다.

제 직업 특성상 다양한 업계의 분들과 이야기를 나눌 기회가 종종 있습니다. 그런데 나이에 상관없이 이 질문에 제대로 대답하지 못하는 어른이 의외로 많습니다.

'나이를 먹을 만큼 먹었는데 부끄럽군.'

'이룰 수 없는 꿈을 언제까지나 떠들고 있을 정도로 어리지 않아.'

어디선가 이런 말이 들리는 것 같습니다.

어른이 되면서 사람들은 꿈을 포기하고 현실과 구분하며 살아갑니다. 그것이 어른이 된다는 의미라고 생각합니다. 어쩌면 눈앞의 일에 급급해서 일부러 생각하지 않는지도 모릅니다.

하지만 모두가 한때는 꿈을 가지고 있었습니다. 주위의 의견이나 환경 따위는 아무 상관 없었습니다. 꿈은 절대축의 정점입니다. 거기에는 귀천도 없고, 크고 작음도 없습니다. 다른 사람의 평가나 허가도 물론 필요 없습니다. 하고 싶었지만 포기한 것, 마음 깊은 곳에 소중히 간직하고 있던 것들을 잠깐 멈춰 서서 생각해보시길 바랍니다.

더 나은 삶을 위한 여백

지금 저는 디자이너라는 일을 매우 즐기고 있습니다. 더 솔직하게 표현하면 '엄청나게' 즐겁습니다. 저는 싫증을 잘 내는 성격인데, 디자인은 매번 다른 상품이나 업계를 접하며 배우는 것이 많기 때문에 질릴 새가 없습니다.

디자인이라는 일이 특수하기 때문일까요? 아니요, 저는 그렇게 생각하지 않습니다. 적어도 그런 이유만은 아닐 것입니다. 그렇다면 일이 즐겁고, 나아가 하루하루가 즐겁다는 마음은 어디에서 오는 걸까요?

그런 생각을 하다가 깨달은 중요한 키워드가 바로 '여백'이었습니다. 여백이 존재하는 덕분에 일상에서 일어나는 다양한 일들을 마치 즐거운 이벤트처럼 마주할 수 있습니다. 일에 쫓겨 힘들 때, 주변 사람들이 모두 나보다 잘

나 보여서 기분이 우울할 때, 무엇을 해도 재미있지 않을 때 저는 항상 이렇게 생각합니다. **'지금 여백이 부족한 것은 아닐까?'**

여백만 충분하다면 눈앞의 문제를 직접 해결할 수 없더라도 **일단은 마음이 편해집니다.** 마음이 편해지면 대부분의 일들은 잘 돌아가기 시작합니다. 우선 마음속에 '여백'을 떠올리고 바깥세상으로 걸어 나갑시다.

비우는

여백에서

만드는

여백으로

여백 사고

비우는 여백에서 만드는 여백으로

2024년 9월 12일 초판 1쇄 발행
2024년 10월 10일 초판 2쇄 발행

지은이	야마자키 세이타로
일러스트	몬쿠미코
옮긴이	김영주

펴낸이	김은경
편집	권정희, 장보연
마케팅	박선영, 김하나
디자인	황주미
경영지원	이연정

펴낸곳	(주)북스톤
주소	서울시 성동구 성수이로7길 30, 2층
대표전화	02-6463-7000
팩스	02-6499-1706
이메일	info@book-stone.co.kr
출판등록	2015년 1월 2일 제2018-000078호

ⓒ 야마자키 세이타로
(저작권자와 맺은 특약에 따라 검인을 생략합니다)

ISBN   979-11-93063-59-0(03190)

북스톤은 세상에 오래 남는 책을 만들고자 합니다. 이에 동참을 원하는 독자 여러분의 아이디어와 원
고를 기다리고 있습니다. 책으로 엮기를 원하는 기획이나 원고가 있으신 분은 연락처와 함께 이메일
info@book-stone.co.kr로 보내주세요. 돌에 새기듯, 오래 남는 지혜를 전하는 데 힘쓰겠습니다.